THÜRINGEN

Das Wohnen inmitten der Verschiedenheiten stimmt tolerant, nachsichtig, nicht selten auch humorig. Dem Mitteldeutschen fällt es nicht schwer, sich selbst zum besten zu halten. Er lächelt gern über sich und seinesgleichen und über die eigene nachgiebige Art. Er verschmäht es auch, die Dinge absolut ernst zu nehmen – oder doch wenigstens: ernster, als sie sind. Aber er leistet, was zu leisten ist. Und im Tiefsten weiß er wohl auch Vorteil zu ziehen aus seiner Offenheit nach allen Seiten hin. Er fühlt die große Freiheit, die der Mitte innewohnt: die Freiheit, nach allen Seiten auszustrahlen – in die willkommene oder gegebene Richtung.

Rudolf Hagelstange, Land der Mitte

THÜRINGEN

Fotografie Axel M. Mosler

Text Johannes Rau · Herbert Weißhuhn

Heinz Stade

Bucher

Inhalt

Seite 1: Historisches Schillerhaus in Weimar.
Seite 2/3: Bei Wutha im Hörseltal.
Links: Der Altmarkt von Schmalkalden.

«Dann wird das Himmelreich gleich sein zehn Jungfrauen, die ihre Lampen nahmen und gingen aus, dem Bräutigam entgegen» (Matthäus 25, 1–13). Die «steingewordenen» Jungfrauen am Portal des Erfurter Doms erinnern an jenes berühmte Gleichnis, mit dem Jesus seine Jünger auf dem Ölberg auf die Passion vorbereitete.

Vorangegangene Doppelseite: Erfurt war über Jahrhunderte hinweg eine Stadt der Kirchen und Klöster; im Mittelalter galt es als das «Rom Deutschlands». Über 300 Jahre dauerte allein der Bau des Doms. Das Innere der zwischen 1154 und 1465 entstandenen dreischiffigen Hallenkirche ist berühmt für seine farbenprächtigen Fensterverglasungen.

Johannes Rau

Humanistische Traditionen und demokratische Werte

Erinnern an die Geschichte Thüringens

Mit den ersten gesamtdeutschen Wahlen nach vier Jahrzehnten der Teilung ist die staatliche Vereinigung demokratisch besiegelt. Seit dem 12. Deutschen Bundestag sind wieder alle Deutschen vertreten. Doch die Menschen im Osten und im Westen unseres nun nicht mehr geteilten Vaterlandes sind sich in vier Jahrzehnten in manchem fremd geworden. Mehr als eine Generation ist inzwischen herangewachsen, die Land und Leute nur noch vom Hörensagen kennt. Für viele Westdeutsche waren und sind Leipzig, Dresden, Erfurt, Magdeburg oder Rostock fremder als die Toskana, die Kykladen oder die Sonnenküste Spaniens.

Als Ministerpräsident von Nordrhein-Westfalen gehörte ich zu den wenigen, die ohne lange Formalitäten die deutsch-deutsche Grenze passieren durften. Ich habe diesen Vorzug genutzt und viele Kontakte zu den Menschen knüpfen und erhalten können, Städte und Regionen kennengelernt.

Meine Beziehung zu Thüringen reicht noch in die Kriegsjahre zurück. Als Schüler bin ich zum ersten Mal dorthin gekommen. Das war 1943. Damals war ich zwölf Jahre alt. Es war nach einem der schlimmsten Luftangriffe auf meine Heimatstadt Wuppertal. In der Nacht vom 30. auf den 31. Mai 1943 blieb kaum ein Stein auf dem anderen. Wir wurden evakuiert. Meine Mutter zog mit uns fünf Kindern zunächst nach Chemnitz. Weil wir dort aber keine Wohnung fanden, reisten wir nach Erfurt weiter. Dort lebte in der Gustav-Freytag-Straße 60 der einzige Bruder meines Vaters. Wir konnten bleiben: Am Anger 6, und ich erinnere mich noch gut, daß es im Haus das «Café Wien» gab.

Wir lebten ein halbes Jahr in Erfurt. Mein Bruder besuchte das neusprachliche, ich das altsprachliche Gymnasium, meine jüngeren Geschwister gingen noch in die Volksschule. Daß die Stadt anders war als meine Heimatstadt Wuppertal, reicher, bürgerlicher, daß Erfurt zahlreiche Kirchtürme hat, Winkel, Gäßchen, eine schöne Altstadt – das ist uns schon damals bewußt geworden. Im nahen Bad Sulza bin ich zum ersten Mal mit einem Schlitten gefahren. Es war aber nicht die Zeit für eine unbeschwerte Kindheit.

Als die Angriffe auf Wuppertal nachließen, konnten wir wieder nach Hause zurück. Wir lebten mehr schlecht als recht. Trotzdem freuten wir uns, als der Onkel und die Tante aus Erfurt zu uns kamen. Beide waren jedoch Erfurter mit Leib und Seele, und alle Schwierigkeiten bedeuteten nichts, sie kehrten zurück, zurück nach Erfurt. Den Kontakt haben wir nie abreißen lassen; so oft es ging, habe ich die beiden besucht. Das war manchmal nur gegen den Widerstand des SED-Apparates möglich, der solche privaten Reisen mit großem Mißtrauen beobachtete. Trotz Überwachung durch die Staatssicherheit haben viele Menschen es immer wieder geschafft, mir Briefe zuzustecken. Ich habe geholfen, soweit das in meiner Kraft stand.

Diese unmenschlichen Verhältnisse gehören nun der Vergangenheit an. Heute können wir wieder ungehindert reisen. Die politische Trennung ist aufgehoben, nun müssen auch die Menschen wieder zueinander finden.

Hierbei kann die Rückbesinnung auf unsere gemeinsame Geschichte helfen. Die Geschichte von Thüringen, Sachsen, Sachsen-Anhalt, Brandenburg und Mecklenburg-Vorpommern beschränkt sich ja nicht auf die Jahrzehnte der Zwangsherrschaft. Und ich

Links: Mit der Wartburg verbinden sich zahlreiche Ereignisse der deutschen Geschichte. Die Miniatur aus der Manessischen Handschrift (um 1330) nimmt Bezug auf den Sängerkrieg: unten die sieben wetteifernden Sänger, oben das Landgrafenpaar, das den Wettbewerb verfolgt.

Rechts: Auf der Wartburg erinnert ein romantisch verklärender Freskenzyklus Moritz von Schwinds an das Leben der Landgräfin Elisabeth von Thüringen, die 1235 heiliggesprochen wurde (Vorstudie zum «Abschied Elisabeths von ihrem Gemahl Ludwig IV.», um 1854).

denke, daß gerade die junge Generation die Chance nutzen und sich die reiche kulturelle Vergangenheit dieser Länder vergegenwärtigen sollte.

Es gibt keine Rangordnung historisch bedeutsamer Regionen. Ich meine aber, ohne anderen Ländern unrecht zu tun, daß Thüringen zu den Kernregionen Deutschlands gehört. Thüringen, das Land, das nach Jahrhunderten der Kleinstaaterei erst vor siebzig Jahren seine heutige Gestalt erhielt.

Was wäre die Geschichte der Deutschen ohne die Wartburg? In der Geschichte des «grünen Herzens Deutschlands», wie das Land immer wieder genannt worden ist, nimmt diese Stätte eine herausragende Stellung ein. Im 11. Jahrhundert wird die Burg urkundlich erstmals erwähnt. Zu Beginn des 13. Jahrhunderts wurde sie dann in ihrem repräsentativsten Teil, dem Landgrafenhaus, ausgebaut. In diese Zeit fällt der Sage nach der Sängerwettstreit auf der Wartburg, an dem unter anderen Walther von der Vogelweide und Wolfram von Eschenbach teilgenommen haben. Wenn auch die Überlieferung einer genauen historischen Überprüfung wohl nicht standhält: Das thüringische Zentralland ist in dieser Epoche zum ersten Mal zu einem geistigen Zentrum geworden. Die Romantik und Richard Wagner haben es für sich im 19. Jahrhundert neu entdeckt.

In der Nacht des 4. Mai 1521 konnte Martin Luther unter dem Schutz seines Landesherrn auf die Wartburg flüchten. Einige Tage zuvor hatte er vor Kaiser und Reich auf dem Reichstag zu Worms sein reformatorisches Werk verteidigt mit den Worten: «Ich kann und will nichts widerrufen, weil wider das Gewissen etwas zu tun weder sicher noch heilsam ist. Gott helfe mir. Amen.» Luther blieb auf der Burg bis zum März 1522 und übersetzte das Neue Testament ins Deutsche. Grundsatz seiner Übertragung war: «Man muß die Mutter im Hause, die Kinder auf den Gassen, den gemeinen Mann auf dem Markte drum fragen, wie man soll Deutsch reden und denselbigen aufs Maul sehen, wie sie reden, und danach dolmetschen.» Wenn ich mich richtig erinnere, ist der Tintenfleck an der Wand, den Luther angeblich verursachte, als er dem Teufel sein Tintenfaß entgegenschleuderte, heute

Weimar auf einem Stich aus dem Jahr 1852. «Wo finden Sie», hatte Goethe nur drei Jahrzehnte zuvor seinem Freund Eckermann stolz beschieden, «auf einem so engen Fleck noch so viel Gutes! [...] Wählen Sie Weimar zu Ihrem Wohnort. Es gehen von dort die Tore und Straßen nach allen Enden der Welt.»

nicht mehr zu sehen. Geblieben ist uns jedoch eine der größten sprachschöpferischen Leistungen der deutschen Geistesgeschichte. Auf der Wartburg wurde das Fundament der neuhochdeutschen Sprache gelegt, die Nord- und Süddeutschland, die protestantischen und katholischen Gebiete trotz aller politischen Zersplitterung und religiösen Streitereien miteinander verbunden hat. Goethes Satz, die Deutschen seien ein Volk erst durch Luther geworden, scheint mir nicht übertrieben.

Nach den Befreiungskriegen wurde die Wartburg erneut ein Ort von gesamtdeutscher Bedeutung. Die deutsche Burschenschaft, der im Juni 1815 gegründete Bund der Studenten, traf sich am 17. und 18. Oktober 1817 zum Wartburgfest, der, wie damals proklamiert wurde, «Wiedergeburt des freien Gedankens und der Befreiung des Vaterlandes». Die bürgerliche Jugend kämpfte für die Befreiung von der Fremdherrschaft Napoleons und zugleich für den freiheitlichen nationalen Staat. Beim Wartburgfest wurde zum ersten Mal die schwarz-rote zusammen mit der goldenen Fahne der Burschenschaft gehißt. Die Weimarer Republik knüpfte mit den Farben Schwarz-Rot-Gold an diese demokratische Tradition in Deutschland an. Heute müssen wir uns um unsere Nationalfarben nicht mehr streiten.

Die Jenaer Burschenschaftler haben sich damals auf ein soziales Programm geeinigt und von der persönlichen Freiheit als dem «ersten und heiligsten Menschenrecht» gesprochen. Der Freund und Förderer Goethes und Schillers, Großherzog Karl August von Weimar, stellte die studentische Jugend ungeachtet ihres Mangels an politischem Realitätssinn unter seinen Schutz. Zur Geschichte der Wartburg gehören auch Großmut und Großzügigkeit ihrer Fürsten.

Der «Geheime Legationsrat» Johann Wolfgang von Goethe urteilte bei seinem ersten Besuch auf der Wartburg im Jahre 1777: «Diese Wohnung ist das Herrlichste, was ich erlebt habe.» Drei Jahre zuvor hatte der Frankfurter Jurist den Weimarer Erbprinzen kennengelernt. Goethe blieb mit kurzen Unterbrechungen bis zu seinem Tode in Weimar. Als

Feierstunde vor dem Goethe-Schiller-Denkmal in Weimar anläßlich des 100. Todestages von Friedrich Schiller. Still hatte man ihn einst zu Grabe getragen: «Ein flatternd Bahrtuch. Ein gemeiner Tannensarg / Mit keinem Kranz, dem kargsten nicht, und kein Geleit!» So beschrieb es Conrad Ferdinand Meyer (1825–1898) später in einem Gedicht (Foto von 1905).

Minister – unter anderem für Finanzen, Wege und Bergbau – schuf er hier einige der bekanntesten Werke der Weltliteratur. Seine erste Amtshandlung als Kriegsminister war die Reduzierung der herzoglichen Streitmacht auf 300 Mann.

Ein derart vorbildliches Leben, wen wundert es, muß Kritik hervorrufen. Ganze Bibliotheken sind inzwischen voll davon.

Als «Naturschutzpark der Geistigkeit» wurde Weimar von Egon-Erwin Kisch verspottet. Kischs Kritik galt wohl auch den anderen scheinbar entrückten Gestalten der Goethezeit, die in Weimar gelebt und gewirkt haben: Wieland, Herder, Schiller. Die Weimar-Verächter zielten auch auf die idealistischen Baumeister, die in ihren politischen Luftschlössern oft genug übersahen, daß die Menschen in armseligen Hütten leben mußten. Man sollte aber schon genau hinschauen: Goethe wußte auch, daß man «von oben herab alles falsch sieht und die Dinge so menschlich gehen, daß man, um etwas zu nutzen, sich nicht genug im menschlichen Gesichtskreis halten kann».

Seit November 1989 ist die Besucherzahl in Weimar sprunghaft gestiegen. Könnte nicht gerade im Lichte unserer jüngsten Erfahrungen die Klassik wieder überraschend aktuell werden, Anstoß erregen und Anstöße geben? Goethe – in erster Linie der Zitatenlieferant für alle Lebenslagen? Ich glaube nicht. Ich denke vielmehr, daß er uns Stoff zum Nachdenken gibt – etwa mit den Sätzen aus dem Jahre 1825: «Mir ist nicht bange, daß Deutschland nicht eins werde. Unsere guten Chausseen und künftigen Eisenbahnen werden schon das Ihrige tun. Es sei eins, daß der deutsche Taler und Groschen im ganzen Reich gleichen Wert habe; eins, daß mein Reisekoffer, durch alle 36 Staaten, ungeöffnet passieren könne. Es sei von Inland und Ausland unter den deutschen Staaten überall keine Rede mehr.»

Wir kennen heute die weiteren Stationen unserer Geschichte: die Entstehung des Bismarckschen Reiches im Zeichen des deutsch-französischen Krieges, das Weltmachtstreben des Kaiserreiches, die Verantwortung für den Ausbruch des Ersten Weltkrieges, die

Sitzungspause der Nationalversammlung in Weimar: Als Tagungsort hatte man das Nationaltheater gewählt. Am 31.7.1919 wurde hier schließlich das Verfassungswerk in namentlicher Abstimmung angenommen und nur elf Tage später vom damaligen Reichspräsidenten Friedrich Ebert unterzeichnet.

Philipp Scheidemann (1865–1939) vor dem Volkshaus in Weimar nach einer Fraktionssitzung der SPD. Der gelernte Buchdrucker Scheidemann (links im Bild) führte die erste deutsche Reichsregierung, trat aber bereits im Sommer 1919 als Ministerpräsident zurück, weil er den Versailler Friedensvertrag für unannehmbar hielt (Foto 1918/19).

Nach der Einführung des Frauenwahlrechts saßen 1919 zum ersten Mal weibliche Abgeordnete in einem deutschen Parlament. Hier Frauen aus der SPD-Fraktion: (stehend, von links) Klara Bohm-Schuch, Wilhelmine Köhler, Johanna Reitz, Elfriede Ryneck, Antonie Pfülf; (sitzend) Elisabeth Röhl (dritte von links), Anna Simon (fünfte von links), rechts außen Marie Juchacz.

Der Gemeindevorstand von Deesbach gibt Bettelbescheinigungen an die Bevölkerung aus: Arbeitslosigkeit und Hunger bestimmen Anfang der zwanziger Jahre auch in Thüringen das Leben vieler Menschen.

Zerstörung der ersten deutschen Republik, deren Parlamentarier 1919 im Weimarer Nationaltheater eine freiheitliche Verfassung verabschiedet hatten. Vierzehn Jahre später haben die Deutschen sich der Diktatur nicht widersetzt, 1939 begann Deutschland mit dem Überfall auf Polen den Zweiten Weltkrieg. In der Nähe von Weimar ist 1937 das Konzentrationslager Buchenwald errichtet worden. Hier starben Tausende, die Widerstand leisteten. Auch das ist Teil unserer gemeinsamen Geschichte: In dem Land, in dem die «Iphigenie» entstehen konnte, wurden Menschen systematisch zu Tode gequält.

Die Einheit der Nation ist nicht erst 1945 verlorengegangen, sondern in den dreißiger Jahren, als Deutschland «judenfrei» werden sollte und als die Politik der «Ausmerzung» betrieben wurde. Heute leben wir dank des Muts Michail Gorbatschows und der Freiheitsbewegungen in der ehemaligen DDR und in den Ländern Südost- und Osteuropas wieder in staatlicher Einheit. Am 21. November 1990 formulierte die KSZE-Charta von Paris: «Die Herstellung der staatlichen Einheit Deutschlands ist ein bedeutsamer Beitrag zu einer dauerhaften und gerechten Friedensordnung für ein geeintes demokratisches Europa, das sich seiner Verantwortung für Stabilität, Frieden und Zusammenarbeit bewußt ist.»

Ich denke, daß uns dieser Satz verpflichtet. Zu dieser Verpflichtung gehört, daß wir unsere eigene Geschichte annehmen. Auch den Teil, der von der Geschichte der ehemaligen DDR eingenommen wird. Aufzubauen sind in Erfurt und vielen anderen Orten der fünf neuen Bundesländer nicht nur Betriebe und Häuser, Verwaltung und Infrastruktur. Aufzubauen ist auch das Vertrauen in die Demokratie und unsere europäische Verantwortung. Wir haben von unseren Nachbarn in Ost und West, in Nord und Süd einen Vertrauensvorschuß erhalten, dem wir gerecht werden müssen. Das vereinte Deutschland muß sich als verläßliche Demokratie im vereinten Europa erweisen. Wir können uns dabei auf demokratische Werte und humanistische Traditionen einer Geschichte stützen, für die Namen wie Weimar und die Wartburg stehen. Auch unter diesem Aspekt gilt es, Thüringen neu zu entdecken.

Herbert Weißhuhn

Thüringen – Deutschlands «grünes Herz» und noch einiges mehr …

Thüringen – was ist das eigentlich? Das «grüne Herz Deutschlands» wird es genannt, das Mutterland der Reformation. Doch wie bei solchen Schlagworten häufig – sie stimmen und stimmen doch wieder nicht. Mit einem oder mehreren solcher schmückenden Begriffe ist Thüringen nicht zu fassen. Sie sind allenfalls ein paar Steinchen aus einem vielgestaltigen und vielfarbigen Mosaik, das zahlreiche Gegensätze in sich birgt: Thüringen ist das grüne Herz Deutschlands, andererseits sind zwei Drittel weite und fruchtbare Ackerlandschaft. Es ist das Mutterland der Reformation. Aber hier haben auch Bonifatius, der «Apostel der Deutschen», und die Heilige Elisabeth gewirkt. Weimar ist die Heimat der deutschen klassischen Literatur. Von Jena gingen aber auch bedeutende Impulse der deutschen Romantik aus. Johann Sebastian Bach ist hier geboren. Wie auch Tilman Riemenschneider, der aus dem jetzt thüringischen Eichsfeld stammt, und Alfred Brehm, dem wir das «Tierleben» verdanken, aus Renthendorf bei Stadtroda. Oder nehmen wir noch einmal Weimar: Germaine de Staël nannte es im 18. Jahrhundert die «schöngeistige Hauptstadt Deutschlands». Nur 130 Jahre später lag vor deren Toren das Konzentrationslager Buchenwald. Ernst Abbe und Carl Zeiß bauten in Jena die ersten wissenschaftlich errechneten Mikroskope für den Dienst an der friedlichen Wissenschaft. Aber in Sömmerda wurde auch das Zündnadelgewehr erfunden, das die Technik der Handfeuerwaffen revolutionierte, und in Suhl die Maschinenpistole. Das alles – und noch mehr – gehört zu dem Mosaik Thüringen, dessen wichtigste Konturen und Farben hier nachgezeichnet werden sollen, ein Mosaik, das so bunt und formenreich ist wie über Jahrhunderte hinweg seine Landkarte.

Ein Flickenteppich von Fürstentümern

Wer den politischen Begriff Thüringen durch die Geschichte verfolgen wollte, hätte so seine Schwierigkeiten. Er fände allenfalls dann und wann die zusammenfassende Formulierung «Die thüringischen Staaten» – und meist auch nur dann, wenn Autor oder Kartograph sich nicht anders zu helfen wußten, um diesen Flickenteppich von Herrschaftsgebieten zusammenzufassen.

Einst war das Thüringerreich freilich groß und stark – es reichte vom Harz bis zur Donau, ehe es im Jahre 531 n. Chr. an der Unstrut von den Franken besiegt und erobert wurde. Thüringens wechselhafte Geschichte begann. 724 gründete Bonifatius von Fulda aus das Kloster Ohrdruf, wenig später kam es zum Bistum Erfurt, das allerdings sehr bald dem Mainzer Bistum angegliedert wurde. Von den Landgrafen, die in der von Karl dem Großen (747–814) gegründeten «Thüringischen Mark» herrschten, sind zwei bis in unsere Tage hinein berühmt geblieben. Landgraf Hermann I. (1155–1217) war ein eifriger Mäzen der Kunst seiner Zeit. Unter ihm soll es der Überlieferung nach zum Sängerkrieg auf der Wartburg gekommen sein, der sicher nicht so stattgefunden hat, wie die Sage erzählt, wohl aber historische Elemente in sich trägt. Sein Sohn, Ludwig IV., war der Gemahl der Heiligen Elisabeth, jener ungarischen Königstochter, die durch ihre Absage an Pracht und höfischen Glanz und ihre bedingungslose Nächstenliebe in die Legende einging.

Fortsetzung Seite 33

Eine etwas ungewöhnliche Gestaltung besitzt das Rathaus von Eisenach: Der vergleichsweise gewaltige Turm sitzt seit 1636 auf dem eher zierlichen Erker des spätgotischen Baus. Die Schräglage des Turms geht auf Schäden im Zweiten Weltkrieg zurück.

Nächste Doppelseite: Blick auf Eisenach vom 62 Meter hohen Turm der Georgenkirche.

Das barocke Stadtschloß in Eisenach ähnelt eher einem mächtigen Bürgerhaus als einem repräsentativen Herrschaftssitz. Es wurde von 1741 bis 1744 nach Plänen des Weimarer Hofbaumeisters Gottfried Heinrich Krohne erbaut.

Fürstliches Ambiente im Rokokosaal der Residenz von Eisenach. Ein Teil des Stadtschlosses beherbergt heute das Thüringer Museum, in dem verschiedene Sammlungen zum heimischen Kunsthandwerk gezeigt werden, darunter auch eine Porzellanausstellung mit wertvollen Stükken aus dem 18. und 19. Jahrhundert.

Festlich und farbenfroh: So stimmungsvoll präsentiert sich die Georgenkirche (in ihrer ursprünglichen Form errichtet um 1188 und vielfach umgebaut) seit ihrer Renovierung 1978 den Besuchern. Im Altarraum (Mitte hinten) sind die Grabplatten der Thüringer Landgrafen zu sehen, die aus dem ehemaligen Kloster Reinhardsbrunn nach Eisenach gebracht wurden.

Im Bach-Haus am Frauenplan in Eisenach erinnert ein Museum an Leben und Werk des Komponisten.

Von der Violine bis zum Kontrabaß: Ein Besuch im Bach-Haus in Eisenach lohnt nicht nur wegen der zahlreichen Handschriften, Noten und Bilder, die das Leben des genialen Komponisten dokumentieren – das Museum ist auch wegen seiner wertvollen Sammlung historischer Musikinstrumente besonders sehenswert.

Links und rechts: Unmittelbar am Weg von Eisenach zur Wartburg liegt die Wohn- und Sterbestätte des Mecklenburgischen Mundartdichters Fritz Reuter (1810–1874), der seit 1863 in Eisenach lebte. Die Villa, die von Ludwig Franz Karl Bohnstedt erbaut wurde, ist im Stil der Neorenaissance gehalten.

Arbeitszimmer und Wohnräume des sozialkritischen Heimatdichters Reuter zeigen sich in gediegener Schlichtheit. Das Erdgeschoß der Reuter-Villa ist Richard Wagner gewidmet. Hier befindet sich eine Bibliothek, die mit ihren 6000 Bänden nach Bayreuth die wohl bedeutendste Sammlung zum Leben und Schaffen des Komponisten ist.

Nächste Doppelseite: Das frei stehende Renaissance-Rathaus in Gotha ist flankiert von herrschaftlichen Bürgerhäusern aus dem 16. bis 19. Jahrhundert, darunter das Cranachhaus (vorne rechts).

Lucas-Cranach-Straße

Ungewohnter Seitenblick auf Schloß Friedenstein in Gotha: Der wuchtige Südostturm bildet einen «Eckpfeiler» jener prachtvollen Dreiflügelanlage, die 1643 bis 1654 auf den Trümmern der ehemaligen Festung Grimmenstein errichtet wurde und als älteste Anlage des thüringischen Barock gilt.

Weit im Norden Thüringens liegt das Städtchen Sondershausen, das Ende des 16. Jahrhunderts zur Residenz eines kleinen Fürstentums wurde. Der Weg zum Schloß, einer eindrucksvollen Vierflügelanlage, führt über den Markt am klassizistisch anmutenden Rathaus vorbei.

Motorrad und Straßenschild scheinen sich hierher verirrt zu haben – die Thomas-Müntzer-Stadt Mühlhausen besitzt den Charme längst vergangener Zeiten und wird nicht ohne Grund das «thüringische Rothenburg» genannt. Die Altstadt wurde 1975 und 1989 aufwendig renoviert.

Das neugotische Rathaus von Erfurt, am historischen Fischmarkt gelegen, wurde 1870 bis 1882 erbaut. Das großzügig angelegte Gebäude weist auf den traditionellen Reichtum der Stadt hin.

Eine Sehenswürdigkeit ganz besonderer Art ist die Krämerbrücke in Erfurt, die im 14. Jahrhundert an einer Furt über die Gera errichtet wurde und noch heute 32 Fachwerkhäuser aus dem 16. bis 19. Jahrhundert trägt.

Fachwerkhäuser am Domplatz von Erfurt, das sich im frühen Mittelalter durch seine zentrale Lage an den damaligen Fernverkehrswegen zum wichtigen Umschlagplatz für Waren aller Art entwickelte.

Nächste Doppelseite: Hier läßt es sich gut sein – dieses Dorf bei Eisenach liegt windgeschützt an einem Hang des Thüringer Waldes. Schon früh entwickelte sich die Umgebung von Eisenach wegen ihres harmonischen Landschaftsbildes und der zahlreichen Naturschönheiten zu einem vielbesuchten Ausflugs- und Erholungsgebiet.

Auf Burg Gleichen bei Arnstadt soll der Graf von Gleichen seine legendäre Doppelehe geführt haben, von der eine Sage berichtet.

Schon kurz nach dem Tod von Ludwigs Bruder und Nachfolger Heinrich Raspe begannen die endlosen Streitereien um das Erbe. Erst ein Thüringer Erbfolgekrieg (1247–1264), hundert Jahre später ein Thüringer Grafenkrieg (1342–1346), weitere hundert Jahre darauf der Sächsische Bruderkrieg mit der endgültigen Teilung der Wettinischen Lande und des gleichnamigen Adelsgeschlechts zeugen von dieser bewegten Zeit. Die eine Linie, die Albertiner, regierte bis 1918 in Sachsen, die andere, Ernestiner genannt, erhielt die thüringischen Ämter und Würden, Städte und Schlösser. Sie erbten und sie teilten, erwarben und verloren, so daß es kaum zu beschreiben und schon gar nicht zu überschauen ist, auf welche Weise, wo und wie oft sich die Herzog- und Fürstentümer samt ihren Grenzen und Residenzen änderten. Mal gab es Sachsen-Gotha-Altenburg, mal hieß es Sachsen-Coburg-Gotha. Zu Sachsen-Weimar-Eisenach gehörte Jena. Das aber war zwischendurch auch einmal zwölf Jahre lang ein selbständiges Herzogtum. Die Schwarzburger teilten sich in Schwarzburg-Rudolstadt und Schwarzburg-Sondershausen. Keiner von beiden jedoch besaß ein zusammenhängendes Territorium. Die Rudolstädter hatten eine «Oberherrschaft» um Frankenhausen, die Sondershäuser eine «Unterherrschaft» um Arnstadt. Man braucht sich nur einen Atlas aus der Zeit vor 1918 vorzunehmen, um eine Vorstellung von dem Verwirrspiel um diese Klein- und Kleinststaaterei zu bekommen. Das Spottverschen «Schleiz, Greiz, Lobenstein könnten etwas größer sein» hatte schon seine Berechtigung.

Von den 27 Hofhaltungen und Regierungen, die man Anfang des 18. Jahrhunderts auf diesem Territorium zählte – zwei freie Reichsstädte und vier fremde Herrschaften kamen noch dazu – trug keine einzige den Namen Thüringen. Erst 1920 vereinigten sich diese Kleinstaaten zum Land Thüringen. Nur die Coburger scherten aus und schlossen sich per Volksabstimmung Bayern an. Nicht einbezogen werden konnten damals auch die Gebiete, die – zumeist infolge des Reichsdeputationshauptschlusses von 1803 – zu Preußen gekommen waren, wie Erfurt, Mühlhausen, das Eichsfeld und seit 1866 auch Schmalkalden. Sie wurden erst 1946 Teil des Landes Thüringen, das nach dem Zweiten Weltkrieg gebildet wurde und in dieser Form bis 1952 bestand. Damals wurden zur Verstärkung des staatlichen Machtapparates die drei Bezirke Erfurt, Gera und Suhl gebildet.

Seit dem Herbst 1990 gibt es wieder das Land Thüringen, dessen Fläche aber nicht ganz deckungsgleich ist mit diesen einstigen drei Bezirken. Nach all dem geschichtlichen Hin und Her kann es kaum verwundern, daß die Grenzen dessen, was man als Thüringen bezeichnet, nicht eindeutig festzulegen sind. Auch die Suche nach der «richtigen» Landeshauptstadt nach der Neubildung des Bundeslandes Thüringen zeigt noch einmal das Problem: Viele plädierten für Weimar, das diesen Rang immerhin von 1920 bis 1950 inne hatte. Manche begründeten das damit, daß Erfurt doch lange Zeit gar nicht richtig zu Thüringen gehört habe …

Thüringen und die deutsche Geschichte

Auch wenn der politische Begriff Thüringen jahrhundertelang im Hintergrund stand – Schauplatz deutscher Geschichte ist Thüringen immer gewesen. Das gilt auch dann, wenn man die reiche Kulturgeschichte vorerst einmal außer acht läßt. Jener Sieg der Franken über die Thüringer an der Unstrut im Jahre 531 etwa war entscheidend für die Machtverhältnisse damals und damit auch für die Zukunft des späteren Karolingerreiches. Bonifatius hat Thüringen, indem er Erfurt von Fulda aus missionierte, in das geistige Band mit einbezogen, das die von ihm reformierte Kirche einigend um das Frankenreich schlang.

Die Kaiser und Könige in jenen frühen Jahrhunderten waren ständig unterwegs und regierten von ihren Pfalzen aus im ganzen Land. Erfurt wird bereits 742 als fränkische Königspfalz erwähnt, knapp zweihundert Jahre später ist eine Reichsversammlung in dem winzigen Ort Rohr bei Suhl verbürgt. Noch ehe die Burg Kyffhausen gebaut war, wurde auf der Pfalz Tilleda am Fuße des Gebirges mehrmals Hof gehalten. Schloß Altenburg ist eine Gründung aus der Zeit Kaiser Barbarossas, die dem gleichen Zwecke diente. Memleben, am Rande Thüringens im Unstruttal gelegen, war die Lieblingspfalz Ottos des

Felder, Wiesen und dichte Laubwälder gehören zur typischen Landschaft Thüringens.

Großen. Sein Vater Heinrich I., sein Sohn Otto II. und er selbst sind hier gestorben. Man darf also annehmen, daß diesem jetzt so stillen Ort abseits der großen Straßen einstmals viel Gewicht beikam. Auch das Alte Schloß in Dornburg steht am Ort einer solchen Kaiserpfalz.

Nicht außer acht lassen darf man auch, daß die Reformation Martin Luthers außer ihrer geistesgeschichtlichen auch eine eminent politische Bedeutung hatte. Sie gab der gärenden sozialen Unruhe unter den Bauern neuen Auftrieb. Sie wurde Triebkraft in dem Streit zwischen Fürstenmacht und kaiserlicher Zentralgewalt. Und Luthers Kontrahent, der Prediger und Bauernführer Thomas Müntzer hat durch seine Interpretation der Heiligen Schrift, seinem Streben nach der Verwirklichung des Reiches Gottes auf Erden, letztlich den Zündfunken geschlagen, der den Bauernkrieg in Mitteldeutschland entfachte. Seine Stationen waren vornehmlich die Freie Reichsstadt Mühlhausen mit ihrem «Ewigen Rat» und Frankenhausen, wo der Aufstand 1525 in einer Schlacht und einem Schlachten blutig endete.

Noch ein weiteres militärisches Ereignis von entscheidender geschichtlicher Bedeutung hat sich auf Thüringer Boden abgespielt: die Schlacht bei Jena und Auerstedt vom 14. Oktober 1806, in der Napoleon und sein Marschall Louis Nicolas Davout durch die Schlagkraft ihrer Führung und ihres Heeres die nach überholtem Muster ausgebildete und kläglich geführte preußische Armee besiegte – so jedenfalls sah es der junge Generalstabsoffizier Neidhardt von Gneisenau vom Hauptquartier in der Wasserburg Kapellendorf aus. Die Kampffelder liegen übrigens gut fünfzehn Kilometer auseinander. Sie wurden nur deshalb in der offiziellen Kriegsberichtserstattung zusammengezogen, weil Napoleon seinem Marschall den größeren militärischen und strategischen Erfolg bei Auerstedt nicht gönnte.

Die thüringische Residenz Weimar, bis dahin nur in der Kulturgeschichte ausgezeichnet, wurde Schauplatz deutscher Historie, als 1919 im dortigen Nationaltheater die Deut-

DURCH DIE LANDSCHAFT WIE EINST GOETHE

Der Goethe-Wanderweg und die «Klassikerstraße».

Neben den Orten Weimar und Jena darf sich Ilmenau mit Fug und Recht Goethestadt nennen. Insgesamt 220 Tage weilte der Weimarische Minister, Dichter und Naturforscher zwischen 1776 und 1831 in der Bergwerks-, Glas- und Porzellanstadt im Thüringer Wald. Unter Goethes geschäftlichen Dingen im Amt Ilmenau hatte die Wiederbelebung des Schieferbergbaus Vorrang. Die jahrelangen Mühen waren – wenn auch nur für relativ kurze Zeit – erfolgreich. Zwölf Jahre nach der Wiedereröffnung beendete ein Stolleneinbruch jäh, und nun für alle Zeiten, den Abbau silberhaltigen Kupferschiefers. Kein Wunder, daß Goethe sich im hohen Alter an sein Wirken «in der Stadt hinter den Bergen» auch klagend erinnert: «Ilmenau hat mir viel Zeit [...] gekostet, dafür habe ich aber auch etwas dabei gelernt und mir eine Anschauung der Natur erworben, die ich um keinen Preis vertauschen möchte.» Doch Ilmenau hielt für Goethe auch eine glänzende Kehrseite bereit: «Lieber Bruder», schrieb er an Herder nach Weimar, «wir sind in Ilmenau, seit drei Wochen wohnen wir auf dem Thüringer Wald, und ich führe mein Leben in Klüften, Höhlen, Wäldern, in Teichen, unter Wasserfällen, bei den Unterirdischen, und weide mich aus in Gottes Welt.» Eben durch die reizvolle Landschaft des Ilmenauer Reviers führt heute ein 18,5 Kilometer langer *«Goethe-Wanderweg»* – markiert von einem großen geschwungenen «G», wie Goethe es einst als Kürzel verwandte. Das Amtshaus am Ilmenauer Markt, das Grab von Goethes erster «Iphigenie»-Darstellerin, Corona Schröter, auf dem Friedhof der Stadt, der Kickelhahn, der den Weg mit herrlicher Aussicht ins Thüringer Bergland lohnende Schwalbenstein, in dessen Schutzhütte Goethe die Prosafassung des vierten Akts der «Iphigenie» schrieb, die Höhle unterm Großen Hermannstein, die Goethe oft, einmal auch mit Charlotte von Stein, Regenschutz und Unterschlupf war, das im Jahr 1783 errichtete Jagdhaus Gabelbach und schließlich das Haus des Glashüttenbesitzers Gundelach in Stützerbach, in dem eine Gedenkstätte auch an die 13 Aufenthalte Goethes erinnert, säumen den abwechslungsreichen, mit kaum mehr als 300 Metern Höhenunterschied doch recht bequemen Wanderweg. Der «Goethe-Wanderweg» fügt sich in die rund 300 Kilometer lange *«Klassikerstraße Thüringen»* – eine der ersten und attraktivsten Ferienstraßen in den neuen Bundesländern. Die Wartburgstadt Eisenach, Meiningen, Bauerbach oder Rudolstadt sind einige der Orte im Thüringer Wald, zu denen die «Klassikerstraße Thüringen» führt. *Heinz Stade*

Mitte: Goethe, begeistert von der Landschaft um Ilmenau, hielt seine Eindrücke in Tuschzeichnungen fest. Unten: In Ilmenaus Amtshaus befindet sich heute eine Goethe-Gedenkstätte.

In der Nähe von Eisenach: Ein Hirte mit seiner Herde.

sche Nationalversammlung tagte, um der ersten deutschen Republik ihre Verfassung zu geben. Weimar war freilich nicht gewählt worden, um dem Geist der deutschen Klassik eine Reverenz zu erweisen, sondern weil man glaubte, in diesem «Hort beamtischer Treue» die Versammlung besser vor Störungen schützen zu können als im unruhigen Berlin. Das geschah denn auch durch einen massiven Kordon schwerbewaffneter Kräfte rund um den Theatervorplatz mit dem berühmten Standbild von Goethe und Schiller. Weimar war allerdings auch die Hauptstadt jenes Landes, in dem 1930 zum ersten Mal eine Regierung mit nationalsozialistischer Beteiligung gebildet wurde und in dem zwei Jahre später eine rein nationalsozialistische Regierung die Macht übernahm. So liegt denn Buchenwald nicht nur äußerlich nahe bei Weimar.

Durch die Wälder, durch die Auen

«Das grüne Herz Deutschlands» – wer im Frühjahr aus der Vogelperspektive auf die Thüringer Landschaft hinabblicken könnte, würde die Wahrheit dieses schönen Bildes sicher bestätigt finden. Zu anderen Jahreszeiten fände er den Anblick allerdings anders, nämlich bunter vor. Da mischt sich dann das Grün der Wälder mit dem Gelb blühender Rapsfelder oder den weiten Flächen reifen Getreides. Und wenig später taucht der Herbst die Laubwälder in leuchtende Farben.

Doch das wahre Herzstück Thüringens ist natürlich der Thüringer Wald, der sich über mehr als hundert Kilometer zwischen Hörschel an der Werra bis Blankenstein an der Saale von Nordwesten nach Südosten erstreckt. Sein Rückgrat ist der wohl bekannteste Kammweg Deutschlands, der Rennsteig. Genau betrachtet ist dieser Mittelgebirgszug allerdings nicht aus einem Stück «gehauen». Ein Blick auf die Landkarte beweist das. Noch besser ist es, die Wanderstiefel anzuziehen und sich mit eigenen Augen zu überzeugen. Der eigentliche Thüringer Wald im Nordosten ist ein relativ schmales Kammrückengebirge mit

Thüringens Kulturlandschaft ist äußerst abwechslungsreich. Weite Flächen reifen Getreides sind nur eine Facette des Landschaftsbildes.

beiderseits tief eingeschnittenen Tälern, das Thüringer Schiefergebirge im Süden liegt dagegen viel breiter und schwerer im Land, mit steilem Abfall nach Süden und allmählicher Neigung nach Norden. Die Grenze zwischen beiden verläuft ungefähr halbwegs zwischen den Flüssen Ilm und Schwarza. Doch im allgemeinen Sprachgebrauch wird meist alles als «Thüringer Wald» bezeichnet.

Die höchsten Erhebungen dieses Gebirgszuges finden sich im nördlichen Teil. Der Inselsberg ist der bekannteste unter ihnen. Nicht weil er der höchste wäre, sondern weil er sich am markantesten über das Land erhebt und von weither zu sehen ist, unverkennbar durch die Gebäudegruppe am Gipfel und den Fernsehturm. Außerdem ist der Inselsberg von einem der beliebtesten Feriengebiete aus, dem um Friedrichroda und Tabarz, recht bequem zu erreichen.

Höher als er mit seinen 916 Metern sind mehrere Erhebungen des zentralen Gebirgsstockes südlich von Oberhof: der Große Beerberg, mit 982 Metern der höchste des Thüringer Waldes, in seiner Nachbarschaft befinden sich Schneekopf, Sommerbachskopf, Großer Finsterberg und noch andere, ähnlich hohe. Der Beerberg ragt deshalb auch kaum über seine Umgebung hinaus, er weist zudem nur spärlichen, vom Kammwind zersausten Baumwuchs und Gräser auf. Nur wer von «Plänkners Aussicht» an seinem Südhang die 500 Meter tief hinab in den Kessel nach Goldlauter und Suhl blickt und dann – nach einem kurzen Fußmarsch – von der Schmücke aus den ganz anders gearteten Fernblick nach Norden in die Waldtäler nach Ilmenau zu genießt, wird daran erkennen, daß er sich auf dem schmalen Kamm eines Gebirges befindet.

Weite Fichtenwälder, bis an den Horizont reichend, wechseln ab mit Buchenbestand. Dazwischen liegen Bergwiesen und anmutige Täler, die unwillkürlich an das alte Volkslied «Im schönsten Wiesengrunde» denken lassen, das manche als die heimliche Hymne Thüringens ansehen. Der freundliche Spittergrund bei Tambach und das Schortetal bei Ilmenau sind zwei von vielen abwechslungsreichen und doch charakteristischen Wiesen-

Blick vom Langhaus in den Chor der Stadtkirche von Meiningen. Sie wurde Ende des letzten Jahrhunderts im neugotischen Stil nach dem Vorbild einer spätgotischen Hallenkirche erbaut.

und Waldtälern. Doch auch wildromantische Felsentäler gibt es hier, wie etwa die düstere und feuchte «Drachenschlucht» bei Eisenach, das «Felsental», durch das man von Tabarz aus zum Inselsberg aufsteigen kann, oder das untere Schwarzatal, das schon den Philosophen Arthur Schopenhauer zu Hexametern begeisterte.

Und immer wieder finden sich oberhalb der Täler Aussichtpunkte, die weite Blicke erlauben – auf die kräftig gebuckelte Waldlandschaft im nördlichen Teil, aus der nur da und dort vereinzelte Dächer herauslugen, oder auf die sanft geschwungenen Hochflächen des Schiefergebirges. Wem es glückt, an einem Herbst- oder Wintertag, an dem das meteorologische Phänomen der Inversion herrscht, den Inselsberg zu ersteigen, der kann sogar fern am Horizont über dem Nebelmeer in gleißendem Licht den Brocken erkennen, die höchste Erhebung des Harzes. Selten jedoch ist der Thüringer Wald schwerblütig wie das Erzgebirge oder dramatisch wie der Harz – es liegt über allem eine freundliche, fast heitere Anmut.

So könnte man noch lange vom Thüringer Wald schwärmen und dabei vernachlässigen, was Thüringen sonst noch zu bieten hat. Doch von einer seiner Besonderheiten, einer recht unscheinbaren, soll noch berichtet werden: Da steht ziemlich weit im Süden bei Siegmundsburg am Rennsteig ein «Dreistromstein». In dessen Nähe entspringen mehrere Bäche, von denen die einen über den Main in den Rhein, andere über die Schwarza und Saale in die Elbe und wieder andere über die Werra in die Weser fließen. Wenn das nicht auch ein grünes Herz Deutschlands ist …

Thüringer Wälder gibt es aber nicht nur im Thüringer Wald. Wie ein Kranz umgeben Höhenzüge, meist mit Laubwald bestanden, das fruchtbare Thüringer Becken. Dessen weite, offene Landschaft mit Ackerflächen, Baumgruppen, Auenlandschaften und Kirchdörfern zeigt sich abwechslungsreich. Die Höhenrücken, die das Becken umgeben und damit dem Auge am Horizont immer wieder einen Halt bieten, können in ihrer Vielzahl im einzelnen gar nicht aufgezählt werden. Ihre Kette reicht im Halbrund von Eckartsberga

Unter der Regentschaft des «Theaterherzogs» Georg II. von Sachsen-Meiningen, der die Schauspielkunst besonders förderte, wurde 1821 das repräsentative Hoftheater in der Bernhardstraße in Meiningen errichtet. Das Gebäude im klassizistischen Stil mit seinem mächtigen Säulenportal beherrscht die Prachtstraße der Stadt.

Ilmenaus Rathaus stammt aus dem 17. Jahrhundert und besitzt ein Renaissanceportal mit dem Wappenaufsatz des damals regierenden Grafengeschlechts.

Ein nostalgischer Blick auf den Marktplatz von Arnstadt: Das oft als «Eingangstor zum Thüringer Wald» bezeichnete Städtchen wurde 704 erstmals urkundlich erwähnt und gilt als älteste Stadt auf dem Gebiet der ehemaligen DDR (Foto um 1931).

nahe Bad Kösen an der Saale über Sondershausen am Eichsfeld entlang bis in die Gegend um Gotha und Erfurt. Den markantesten Einschnitt in diesen Wall hat sich bei Sachsenburg die Unstrut gegraben. Fluß, Straße und Bahn bündeln sich an einem schmalen, von Burgen einst bewehrten Durchbruch, der sogenannten «Thüringer Pforte».

Die Unstrut bringt seit eh und je am Winterende oder in regenreichen Jahren große Mengen Wasser aus dem Eichsfeld mit, das früher in der Ackerebene und im weiteren Unstruttal bis hinunter nach Naumburg zu schweren Überschwemmungen zu führen pflegte. Dem wurde mittlerweile durch große Rückhaltebecken, auch an den Zuflüssen, abgeholfen. In einem anderen Fall mußte man aus gleichem Grund zu massiveren Maßnahmen greifen: Auch die Saale führte aus Fichtelgebirge und Frankenwald immer wieder verheerende Wassermassen mit, so daß man in den dreißiger Jahren im oberen Saaletal zwischen Blankenstein und Saalfeld zwei riesige Talsperren errichtete. Die tiefen Veränderungen, die die Landschaft dadurch erlitt, hat die Natur längst geheilt. Nur in einem kurzen Stück – zwischen den beiden Stauseen zu Füßen von Schloß Burgk und bei Ziegenrück – ist noch erkennbar, wie dieses tief eingeschnittene Saaletal einst ausgesehen haben mag. An den Stauseen hat sich inzwischen ein reges Leben entwickelt, mit Schiffsverkehr, Sportbooten, Campingplätzen, Feriendörfern und leider auch einer zum Teil wild wuchernden Zersiedlung. Dennoch bleiben immer noch genug Ufer und Wasser für den, der die Natur sucht und in Stille genießen will.

Es wäre ungerecht, wollte man jenen Fluß nicht erwähnen, der von der Mitte Thüringens aus gesehen immer etwas «hinter den Bergen» liegt, die Werra, die südlich des Thüringer Waldes entspringt und sich auf ihrem Weg nach Norden ein behäbig breites Tal geschaffen hat. Dessen Charakter neigt sich dann schon eher dem Hessischen zu. Ehe der Fluß Thüringen verläßt, verabschiedet er sich um Mihla und Treffurt herum noch einmal mit einer ganz eigenen Note und windet sich in lebhaften Schlängelbewegungen durch eine hügelige Landschaft dahin.

Vor dem Eingang der alten Universität in Erfurt, die lange Zeit zu den wichtigsten Hochschulen in Deutschland gehörte, jedoch 1816 von der preußischen Regierung geschlossen wurde. Luther studierte hier Anfang des 16. Jahrhunderts (Foto von 1900).

Bildete schon die Werra eine Brücke zum hessischen Nachbarn, so wird der bruchlose Übergang nach nebenan noch deutlicher im Falle der Rhön, wo es sich gleich um drei Länder handelt, die durch eine gemeinsame Landschaft von herbem Reiz miteinander verbunden sind: Mainfranken, Hessen und Thüringen. Weiter südlich verzahnen sich Thüringen und Oberfranken – daß Coburg einst zu den thüringischen Staaten gehörte, ist das beste Indiz für dieses Verschwimmen von Grenzen.

Ein ganz besonderer Fall ist das Eichsfeld, eine Mittelgebirgslandschaft ganz im Norden Thüringens, reich gegliedert, mit lebhaft bewegtem Profil, viel Laubwald und von unaufdringlicher, eigenartiger Schönheit. Das gehörte einst zu Kurmainz, dann wieder teilweise zu Hannover und schließlich zu Preußen. Nach dem zweiten Weltkrieg trennten Zonengrenze und Mauer die beiden Teile des Eichsfeldes radikal. Dennoch haben die Thüringer Eichsfelder ihre innere Bindung zum niedersächsisch gewordenen Nordeichsfeld mit einer Zähigkeit sondergleichen verteidigt, wobei der gemeinsame katholische Glaube eine zusätzliche Klammer bildete.

Kleine Städtereise

Bis jetzt mag es so scheinen, als gebe es in Thüringen nur Wälder und Wiesen, Berge und Flüsse. Dabei gehört Thüringen mit seinen 165 Einwohnern pro Quadratkilometer keineswegs zu den dünn besiedelten Bundesländern. Die wichtigsten Städte des Landes sind wie bei einer Perlenkette von West nach Ost hintereinander aufgereiht. Jede dieser Städte hat ihre eigene Geschichte, ihr eigenes Gesicht und trotz der allgegenwärtigen Verfallserscheinungen ihre eigene Schönheit.

Eisenach eröffnet den Reigen, die Stadt am Fuße der Wartburg und oft zu Unrecht in deren Schatten. Luther nannte sie seine «liebe Stadt», beschimpfte sie aber auch als «Pfaffennest und geistlichen Stapelort». Hier läßt es sich noch heute gut wohnen, dort, wo sich auch die Wohnviertel jüngeren Datums der bergigen Landschaft anpassen, die Eisenach dicht umschließt. Noch manches bauliche Zeugnis vergangener Epochen ist erhalten, wenn auch vieles dem Weltkrieg und der Zeit danach zum Opfer fiel. Um den Markt herum findet man noch Fachwerkhäuser mit bemerkenswert reichem Zierat als Beweis dafür, daß schon das alte Eisenach eine bedeutende Stadt war. Mit den Gedenkstätten im Ort hat es eine besondere Bewandtnis: Johann Sebastian Bach beispielsweise ist in Eisenach geboren, aber in dem jetzigen Bach-Haus ist er nicht zur Welt gekommen, noch hat er je darin gewohnt. Auch das Burschenschaftsdenkmal steht nicht auf einem jener Berge, auf denen das Fest – an das es erinnern soll – anno 1817 stattgefunden hat. Und der Sängerkrieg, so wie ihn die Sage schildert, hat die Wartburg zwar berühmt gemacht, sich aber in der Weise nie abgespielt. Auch die Sozialdemokratische Partei ist im Jahre 1869 nicht dort gegründet worden, wo man dessen heute gedenkt. Immerhin: Martin Luther hat als Schüler in dem Haus gewohnt, das heute seinen Namen trägt und zu den schönsten Fachwerkhäusern zählt, die die Stadt noch vorzuweisen hat.

Das nächste Glied der Kette, aufgereiht an der alten Reichs- und jetzigen Bundesstraße sieben, die von Mönchengladbach über Kassel bis ins Sächsische reicht, ist Gotha, das lange Zeit Residenz einer Herzogsfamilie war. Einer ihrer Vertreter, Ernst I., ließ Mitte des 17. Jahrhunderts auf dem Gelände der einstmaligen Festung Grimmenstein sein neues Schloß Friedenstein bauen. Damit bezog er gleichsam Position. Wirkte der Name der alten Feste wie eine Drohgebärde, so wies der neue auf die dem aufgeklärten Absolutismus zuneigende Haltung Ernsts, der wohl auch nicht zufällig den Beinamen «der Fromme» erhalten hat.

Das mächtige Geviert des Schlosses prägt noch immer die Silhouette der Stadt und beherbergt in einem seiner Türme das Theater von 1683 mit der originalen Bühnentechnik. Es trägt den Namen seines berühmtesten Leiters, Conrad Eckhof. Gotha ist in jüngerer Zeit als die Stadt der Versicherungen und durch den geographisch-kartographischen Verlag bekanntgeworden, den Justus Perthes vor 200 Jahren gründete. Aus ihm kamen im vergangenen Jahrhundert die ersten Schulatlanten und «Petermanns Monatshefte», berühmt geworden durch ihre geographischen Forschungsberichte.

Die nächste Station auf unserer Reise ist eine Großstadt, jetzt Landeshauptstadt: Erfurt. Lange Zeit gehörte sie nicht zu Thüringen oder einem der thüringischen Staaten. Sie unterstand Kurmainz, dann ab 1802 Preußen. Im Mittelalter nannte man die Ansiedlung «Erfordia turrita», die türmereiche. Das ist sie noch heute, wenn auch manche der einstigen Kirchen und Klöster nicht mehr als eben diesen Turm vorzuweisen haben.

Erfurt, die Stadt an einer Furt durch die Gera, ist im Mittelalter reich geworden durch Handel, vor allem mit der heute vergessenen Färbepflanze Waid, die in ganz Thüringen angebaut wurde, mit der zu handeln aber nur das Vorrecht von fünf Städten war (Erfurt, Arnstadt, Gotha, Langensalza, Weißensee). In Erfurts bester Zeit, dem 15. Jahrhundert, gehörten 80 Dörfer und Burgen sowie 900 Quadratkilometer zum Herrschaftsgebiet. Bürgerhäuser aus jener Zeit, vornehmlich aus der Renaissance, zeugen noch heute vom Stolz und Reichtum ihrer einstigen Besitzer. Die hochgelegene Baugruppe des Mariendoms und der Severikirche gehört zu den schönsten und ansehnlichsten Ensembles, die mittelalterliche Baukunst geschaffen hat.

Älter noch ist eine Brücke über die Gera, die nicht etwa den Fuhrwerken das Überqueren des Flusses ermöglichen sollte – die mußten durch die Furt gleich nebenan –, sondern schon im 12. Jahrhundert als «Einkaufsstraße» genutzt wurde und daher «Krämerbrücke» heißt. In unserer Zeit ist Erfurt bekanntgeworden als Blumenstadt und durch seine Samenzucht. Zahlreiche große Industriebetriebe vom Maschinenbau bis zur Bekleidungsbranche bilden heute ein starkes wirtschaftliches Potential.

Zwanzig Kilometer weiter ostwärts liegt Weimar, einst nicht nur Residenz eines Herzogtums, sondern auch geistige Heimat für die Dichter und Denker in der Zeit der deutschen Klassik. Daß Weimars Ruf nicht nur der deutschen Klassik zu verdanken ist, darauf wollen wir an späterer Stelle noch einmal zurückkommen. Auch auf die nächste

Von insgesamt vier Türmen ist Schloß Bertholdsburg umgeben, ein Renaissancebau, der die Stadt Schleusingen südlich von Suhl überragt. Sehenswert ist die dort untergebrachte umfangreiche Spielzeugsammlung.

Oben: Um die Jahrhundertwende in Weimar. Mitte: Stadtapotheke in Saalfeld (Foto von 1908). Unten: Am Marktplatz in Gotha in den vierziger Jahren. Rechts: Seine heutige Gestalt erhielt Geras Renaissance-Rathaus Ende des 16. Jahrhunderts (Foto um 1900).

Vor dem Luther-Haus in Eisenach singt die Kurrende, der Schulchor der Lutherknaben. Martin Luther soll als Lateinschüler in diesem Haus bei der Familie Cotta gelebt haben (Foto um 1930; siehe auch Seite 136).

Wasserkunst auf dem Schloßberg in Gotha. Von hier aus bietet sich ein abwechslungsreicher Blick über die alte Residenzstadt. Im hiesigen Schloßmuseum zeugen bedeutende Kunstsammlungen vom auserlesenen Geschmack der gothaischen Herzöge (Foto um 1911).

Stadt wird noch einzugehen sein, wenn von Kultur die Rede ist: Jena im Saaletal. Die Bedeutung von Jena liegt in seiner Universität und in seiner Industrie begründet. Zwischen beiden gab und gibt es zahlreiche Querverbindungen. War Jena noch für Goethe «ein allerliebster Ort», wird das Stadtbild heute durch Hochhäuser und Fabrikschornsteine geprägt. Auch der überdimensionale Turm mitten in der Stadt, den jetzt die Universität nutzen muß, war ursprünglich für Zeiss gedacht, als man Anfang der siebziger Jahre mit einem Aufschwung des damals volkseigenen Betriebes rechnete.

Die Stadt liegt in einer ungemein reizvollen Umgebung. Die Saaleberge schieben sich, von tiefen Tälern getrennt, wie die Buge von Schiffen bis an die Stadt heran, die Saale windet sich durch ein weites, fruchtbares Tal. Aber der Stadtkern selber hat durch die Bomben des Zweiten Weltkrieges und die Einfallslosigkeit des sozialistischen Wohnungsbaus schwer gelitten. Es wird vermutlich lange dauern, bis das schmerzhafte Mißverhältnis zwischen Landschaft und Stadtbild wieder verwandelt ist zu jener Harmonie, die einst Hölderlin zum Vergleich mit dem heimatlichen Neckartal bei Tübingen anregte.

Waren die bisherigen Schritte von Stadt zu Stadt alle etwa zwanzig Kilometer weit, bedarf es jetzt fast der doppelten Entfernung, um nach Gera zu gelangen, der zweitgrößten Stadt Thüringens. Auch Gera war einst Residenz, doch davon ist nicht viel geblieben. Im Tal der Weißen Elster (merke: Die Gera fließt durch Erfurt, durch Gera fließt die Elster) hat sich Industrie der unterschiedlichsten Art angesiedelt. Das, was die Stadt an Reizen zu bieten hat – die schöne Orangerie, der stilvolle Markt –, wird an den Rand gedrängt durch ein überdimensionales sozialistisches Stadtzentrum. Man muß schon ein wenig genauer hinschauen, um Gera freundliche Seiten abgewinnen zu können. Doch die Mühe wird belohnt, denn vieles vom alten Stadtkern ist noch gut erhalten.

Und schließlich, am Ende unserer Reise, liegt Altenburg, die über tausend Jahre alte Stadt, die als «Skatstadt» berühmt wurde und erst jetzt wieder durch eigene Entscheidung zu Thüringen gekommen ist.

Eindrucksvolle Zeugen einstiger Größe

Neben diesen großen, bekannteren Städten Thüringens gibt es noch vieles, was die Entdeckung lohnt. Da sind die beiden ehemaligen «Freien Reichsstädte» Mühlhausen und Nordhausen, auch sie von 1802 bis 1946 preußische Enklaven. Mühlhausen hat noch einiges von seiner historischen Stadtstruktur gerettet, vor allem die Vielzahl der Kirchen, die – ähnlich wie in Eisenach und Erfurt – immer Zeichen besonderen regionalen Ansehens waren. An der Hauptpfarrkirche der Altstadt, Divi Blasii, einem wuchtig wirkenden Bau, bei dem sich späte Romanik mit früher Gotik mischt, war Johann Sebastian Bach ein Jahr lang Organist. Die einstige Pfarrkirche der Neustadt, St. Marien, ist nach dem Erfurter Dom die zweitgrößte Kirche Thüringens mit allen kostbaren Attributen hoher gotischer Steinmetz- und Baukunst. An ihr war Thomas Müntzer Pfarrer, heute dient die Kirche als Konzertsaal.

In Nordhausen erinnern nur noch wenige Bauten an die Geschichte der einstigen Reichsstadt, da drei Viertel der Stadt im Kriege zerstört wurden. Noch steht allerdings vor dem Renaissance-Rathaus der Roland als Zeichen des Stadtrechts, erhalten blieben auch der dreischiffige spätgotische Dom, äußerlich gänzlich unscheinbar, und die ebenfalls gotische Blasiikirche, an der dem aufmerksamen Beobachter als individuelle Note auffallen muß, daß manches asymmetrisch gebaut, einiges aber auch vom Alter aus dem Lote gerückt worden ist.

Fast unberührt von den Stürmen der Geschichte scheint dagegen Heiligenstadt zu sein, das Zentrum des Obereichsfeldes. Hier stehen die Kirchen mächtig, fest und gerade, auch sie stammen zumeist aus der Zeit der Gotik. Die zum Teil recht alten und kleinen Häuser sind gut gepflegt – was für das ganze Eichsfeld gilt mit seinen Dörfern, den vielen Kapellen, Kirchen, Kreuzwegen und Wallfahrtsorten ...

Auch Arnstadt am Rande des Thüringer Waldes darf nicht unerwähnt bleiben. Hier hat sich noch einiges von dem ursprünglichen Habitus der Stadt erhalten, einer kleinen, schmucken Residenz mit mindestens zwei Attraktionen, einer bekannten und einer weithin unbekannten. Die bekannte ist das Puppenmuseum «Mon Plaisir». Diese einzigartige umfassende Darstellung höfischen und städtischen Lebens im 18. Jahrhundert entsprang der Sammelleidenschaft (und Langeweile) von Augusta Dorothea, der einzigen Fürstin des kurzlebigen Fürstentums Schwarzburg-Arnstadt. Sie spannte für ihr «Vergnügen» Hofstaat und Handwerker ein. Selbst die winzigen Strümpfe der Puppen wurden originalgetreu nachgestrickt – mit Stecknadeln als Stricknadeln. Das Ergebnis fasziniert noch heute. Weithin unbekannt dagegen ist die ein wenig abseits liegende Liebfrauenkirche, die der Kunsthistoriker Georg Dehio einst den «nächst dem Naumburger Dom bedeutendsten Bau Thüringens aus dem 13. Jahrhundert» nannte. Erst jüngst restauriert, präsentiert sich dem Besucher ein sakrales Baudenkmal von seltener Geschlossenheit in seiner stillen Schlichtheit und Würde.

Die Bezirkseinteilung Thüringens ab 1952 hatte dazu geführt, die Gegend jenseits des Rennsteigs, den ehemaligen Bezirk Suhl, als etwas abgesondert zu betrachten. Er gehört aber ohne jeden Zweifel zu Thüringen. Eben jene Bezirkseinteilung hatte noch eine andere Gewichtsverlagerung zur Folge: Bezirksstadt wurde Suhl. Sie galt als «Arbeiterhochburg» und wurde deshalb der alten Residenzstadt Meiningen vorgezogen. Aus einer Kleinstadt wurde auf diese Weise ein Verwaltungszentrum. Unmittelbar neben dem alten, verwinkelten Stadtkern schoß ein neuer förmlich aus dem Boden, und die Neubaublocks kletterten die Berghänge hinauf. Wenn auch die Architektur des neuen Stadtmittelpunktes nicht ganz so einfallslos und schematisch geraten ist wie anderswo, kann es die Stadt sicher nicht mit der Atmosphäre Meiningens aufnehmen, das eine Tradition zu verteidigen hat, von der noch zu reden sein wird.

Von den zahlreichen kleinen Städten jenseits des Waldes, wie Sonneberg und Schleusingen, Hildburghausen und Römhild, hat eine ebenfalls ihren besonderen Platz in den Geschichtsbüchern gefunden: Schmalkalden. Dort schlossen 1531 protestantische Fürsten

Fortsetzung Seite 57

Nur ein Weg führt hinein: Zugbrücke und Torhaus bewachen die Wartburg bei Eisenach. Über einen mittelalterlichen Kopfsteinpflasterweg gelangt man hinauf zu jener Festung, die wie keine andere in Deutschland Schauplatz von Mythen, Legenden – und bedeutenden geschichtlichen Ereignissen war.

Hat man das Eingangstor zur Wartburg passiert, präsentiert sich stolz der vordere Burghof mit seinen sorgfältig restaurierten Fachwerkhäusern. Rechts im Bild der sogenannte Nürnberger Erker an der Vogtei, der 1872 eingefügt wurde.

Eseltreiberstube (rechts) und historische Lutherstube (unten) auf der Wartburg. Hier arbeitete der Reformator an seiner Bibelübersetzung, mit der er nicht nur das geistliche, sondern auch das kulturelle Leben Deutschlands nachhaltig beeinflussen sollte. «Niemand, der weiß, was eine Sprache ist, erscheine ohne Ehrfurcht vor Luther», bewunderte Klopstock die sprachliche Leistung Martin Luthers.

Die zwei kleineren Gemälde an der Wand der Lutherstube stammen von Lucas Cranach dem Älteren und stellen Luther und Melanchthon dar, der Holzschnitt darüber ist ebenfalls von Cranach und zeigt Luther als Junker Jörg.

Nächste Doppelseite: *Stolze Wartburg – weithin sichtbar erhebt sich die mächtige Wehranlage auf einem nach Westen wie Osten schroff abfallenden, etwa 180 Meter langen und 44 Meter breiten Felsplateau.*

Arkadengang im ersten Obergeschoß der Wartburg. Moritz von Schwind (1804–1871), ein Hauptvertreter der Spätromantik, schuf Mitte des 19. Jahrhunderts die verklärenden Fresken zur Elisabeth-Legende, zur Geschichte der Burg und zum Sängerkrieg.

Lichterglanz aus mächtigen Lüstern im prunkvollen Festsaal der Wartburg, der seine heutige Gestalt im 19. Jahrhundert erhielt.

Die farbenprächtige Elisabeth-Kemenate im Palas, dem ältesten Teil der Wartburg. Hier lebte die Landgräfin Elisabeth (1207–1231), die schon kurz nach ihrem Tode wegen ihrer Barmherzigkeit heiliggesprochen wurde. Der Mosaikschmuck in byzantinisierendem Stil, der Anfang des 20. Jahrhunderts angebracht wurde, erzählt aus ihrem Leben.

«Auf der Wartburg» heißt das Hotel, das zum Übernachten einlädt. Ganz in der Nähe liegt die Eselstation; von dort aus können Kinder auf Eseln zur Wartburg reiten – allerdings nur zwischen April und September.

den «Schmalkaldischen Bund» gegen die kaiserliche Macht – die Reformation war damit zu einem politischen Instrument geworden. Der Bund tagte mehrfach in der Stadt, und Martin Luther formulierte seine Abgrenzung gegen die katholische Kirche in den «Schmalkaldischen Artikeln», die man nicht mit den Schmalkalder Artikeln verwechseln darf – das sind Kleineisenwaren, die als Erzeugnisse der heimischen Industrie gegen Ende des vergangenen Jahrhunderts in ganz Deutschland bekannt geworden waren.

Spricht man von den Städten, dürfen die Rathäuser nicht unerwähnt bleiben, die oft eindrucksvolle Zeugen einstiger Größe sind. Da hat Thüringen eine ganze Reihe von ansehnlichen Bauten vorzuweisen, die gotischen in Jena und Eisenach und natürlich in Saalfeld, das den Ehrentitel «Steinerne Chronik Thüringens» nicht umsonst trägt, in Pößneck und Neustadt, die Renaissance-Bauten in Gera und Gotha, das Barockgebäude in Bad Langensalza bis hin zu dem pompösen klassizistischen Rathaus in Zeulenroda, das viel zu groß ist für die kleine Stadt. Meist sind die alten Rathäuser heutzutage eher zu klein ...

Es waren die Kirchen, deren Zahl und Größe einst davon kündeten, wie reich und wie bedeutend eine Stadt war. Doch heißt das nicht, daß Kirchen nur in Städten und Dörfern zu finden wären. Da verbirgt sich etwa auf der halben Strecke zwischen Ilmenau und Rudolstadt an einer Nebenstraße die Ruine eines Bauwerks, deren Bild in keinem anspruchsvollen Werk über die romanische Baukunst fehlen darf – die Klosterkirche zu Paulinzella. Der Baustil der klösterlichen Reformbewegungen von Cluny und Hirsau haben hier Pate gestanden. Erhalten geblieben sind nur Teile des Schiffs. Aber gerade in dieser Reduzierung auf die elemantaren Strukturen des Baues liegt die tiefe Wirkung dieses steinernen Denkmals, das schon Goethe und Schiller beeindruckt hat.

Vom gleichen Geist und Stil zeugt heute noch die nur wenig kleinere Kirche zu Thalbürgel zwischen Jena und Eisenberg, deren Schiff noch völlig erhalten ist. Ebenfalls etwas abseits der großen Straßen liegt im Unstruttal, nunmehr außerhalb des Landes Thüringen, die Ruine der Klosterkirche Memleben. Dieser spätromanische Bau gehörte zu dem Kloster, das Kaiser Otto II. zwischen 976 und 979 nahe der Pfalz stiftete, in der seine Vorgänger ihr Leben beendet hatten. Nicht weniger beachtenswert als dieser Bau inmitten eines gepflegten kleinen Parkes ist ein riesiger Mauerklotz in der Nähe, den man das «Kaisertor» nannte, weil man es für einen Teil der einstigen Pfalz hielt. In Wirklichkeit ist dieser Koloß das Fragment einer Seitentür zum Querschiff der ersten ottonischen Kirche, deren Dimension man durch Grabungen ermittelt hat: Sie hatte nahezu die Größe des Naumburger Doms.

Sagenumwobene Burgen und Schlösser

Thüringen ist wie alle geschichtsträchtigen Landschaften reich an Burgen. Nur wenige haben ihr altes Gesicht bewahrt, viele sind Ruinen, einige sind zu Schlössern umgebaut, andere wiederum wurden erneuert, wobei in der Folge oft etwas anderes entstand als das Ursprüngliche. Das beste Beispiel dafür ist Thüringens Wahrzeichen, die Wartburg. Vergleicht man die Ansichten aus vergangenen Jahrhunderten mit dem heutigen gewohnten Anblick, hat man Mühe, beides miteinander in Einklang zu bringen. Als beispielsweise Goethe dort oben nächtigte und die Burg anschließend zeichnete, war sie fast völlig verfallen. Erst ihre Restaurierung im vergangenen Jahrhundert hat ihr jetziges Gesicht geprägt. Dabei ist wertvoller romanischer Bestand gerettet worden. Dennoch hat die jahrzehntelange Erweiterung und Erneuerung der Burg ihr auch den Stempel des 19. Jahrhunderts aufgedrückt. Die Wartburg heute ist ein mit und in den Zeiten Gewachsenes, zu dem jeder das Seine in bester Absicht beigetragen hat. Die Frühzeit der Burg ist dokumentiert durch die Malereien Moritz von Schwinds (1804–1871), der nicht nur den legendären Sängerkrieg, sondern auch die vielgestaltige Sagenwelt um die Burg im Bild festzuhalten suchte. Daß den Überlieferungen auch historische Wurzeln eigen sind, läßt sich bei Walther von der Vogelweide nachlesen, der den Eisenacher Hof als gastfreundlich und kunstsinnig

Das ehemalige Residenzschloß Heidecksburg bei Rudolstadt an der Saale. Friedrich Schiller lernte hier seine spätere Frau Charlotte von Lengefeld kennen, und sein Dichterfreund Goethe leitete zeitweilig das 1792 gegründete städtische Theater.

preist. Allerdings, so klagt er, gehe es dort sehr laut zu, fast wie in einem Taubenschlag. Die Spuren, die das karitative Wirken der Heiligen Elisabeth hinterlassen hat, sind eher im stillen Gedenken der Gläubigen zu finden. Doch gibt es auf der Burg und in Eisenach noch Stätten, die an die frühere Landgräfin und Tochter des ungarischen Königs erinnern.

Als Kurfürst Friedrich der Weise seinen Schützling Martin Luther im Jahre 1521 auf der Wartburg vor der Reichsacht in Sicherheit brachte, kann er nicht gewußt haben, daß dieser Aufenthalt Anlaß zu einem Werk bieten würde, das ganz wesentlich zur Entwicklung der deutschen Nation und Sprache beitragen sollte. Luther schuf mit seiner Bibelübersetzung nicht eine neue deutsche Schriftsprache, aber er machte die Meißnische Kanzleisprache, die er benutzte, zum Allgemeingut, zur sprachlichen Klammer aller Völker deutscher Zunge. So war es denn auch von innerer Logik, daß die Angehörigen der 1815 in Jena gegründeten Burschenschaften die vierte Wiederkehr des Sieges über Napoleon in der Schlacht bei Leipzig sowie das 300jährige Jubiläum der Reformation in jenem berühmt gewordenen Wartburgfest im Jahre 1817 gemeinsam feierten – mit Billigung des Weimarer Herzogs übrigens und seines Ministers Goethe.

Wer von Eisenach aus auf der Autobahn weiter nach Thüringen hineinfährt, erlebt bald einen der landschaftlich schönsten Anblicke, der die Maler immer wieder angeregt hat. Er fährt zwischen den «Drei Gleichen» hindurch, drei Burgen, die sich wie nach den Regeln des Goldenen Schnitts in der Landschaft ordnen. Die Ruine links von der Bahn ist jene, auf der die Sage vom Grafen von Gleichen und seiner Doppelehe angesiedelt ist. Der habe – obwohl bereits verheiratet – vom Kreuzzug eine morgenländische Frau mitgebracht, welcher er Gesundheit und Freiheit verdankt habe. Der Papst soll daraufhin die künftige harmonische Ehe zu dritt gesegnet haben. Woher diese Sage kommt, weiß man heute: Im Erfurter Dom gibt es einen Grabstein eines Grafen von Gleichen mit seinen beiden Frauen – seiner ersten und seiner zweiten. Die älteste Burg, die Mühlburg, von der nicht viel mehr als ein Bergfried erhalten ist, hat Gustav Freytag, der zeitweise in Siebleben bei Gotha

Mit seinem hoch hinaufragenden Turm nicht zu übersehen: das prächtige Altenburger Renaissance-Rathaus aus dem 16. Jahrhundert (Foto von 1906).

wohnte, zum Schauplatz seines Romans «Das Nest der Zaunkönige» gemacht. Und die Wachsenburg, einst Raubritterburg, später Gefängnis, ist jetzt Hotel.

Überaus reich an Burgen ist das Saaletal. Hoch über Rudolstadt liegt das prächtige Barockschloß Heidecksburg, in dem früher die Schwarzburger Fürsten residierten. An derselben Stelle stand früher eine Burg, in der sich jene Anekdote um die Gräfin Katharina abgespielt haben soll, von der Schiller erzählt: Herzog Alba hatte der Gräfin die Sicherheit ihres Landes vor Plünderung zugesagt. Als sie während eines Essens mit ihm Kunde von Plünderungen bekommt, bewaffnet sie ihre Leute und zwingt ihn mit den Worten «Fürstenblut für Ochsenblut», unverzüglich Gegenorder zu geben.

Das nicht weit entfernte Stammschloß der Schwarzburger dürfte eines der wenigen Schlösser sein, auf das der Wanderer von oben hinabschauen kann, obwohl es auf einem Bergsporn 80 Meter über der Schwarza liegt. Der nahegelegene Aussichtspunkt Trippstein befindet sich nämlich noch einmal 150 Meter höher als der Schloßberg.

Weiter unten im Saaletal, kurz vor Jena, liegt auf einer exponierten Kuppe bei Kahla die Leuchtenburg. Sie trägt ihren Namen zu Recht, denn aus welcher Himmelsrichtung man sich ihr auch nähert, sie ist schon von weitem deutlich zu erkennen. Die Dornburger Schlösser – drei sind es insgesamt – sind vor allem durch Goethes Aufenthalt im südlichen Renaissance-Bau bekannt geworden. Wen die Kulturgeschichte nicht sonderlich berührt, der findet auf dieser Garten- und Terrassenlandschaft hoch über der Saale andere Anregung. Die Sicht geht hier weit über die Rebstöcke des Steilhanges hinab in die weite Aue des Saaletals. Und dort, wo die Saale Thüringen verläßt, ist der Anblick von besonderer Schönheit und darum auch mehrfach besungen worden: Auf zwei benachbarten Bergen über einer Flußschleife liegen «an der Saale hellem Strande» die berühmten Ruinen der Rudelsburg und der Burg Saaleck.

Die größte aller thüringischen Burgen aber, eine der größten Mitteleuropas, liegt im Norden Thüringens auf dem wohl kleinsten Gebirge: die einstige Reichsburg Kyffhausen. Von der Feste, die sich einst über 600 Meter lang auf dem Bergrücken erstreckte, ist die Mittelburg leider völlig zerstört worden, als gegen Ende des vergangenen Jahrhunderts an dieser Stelle das Kyffhäuser-Denkmal errichtet wurde. Dort sitzt nun in Stein gehauen der Vollender der alten Burg, Kaiser Barbarossa, der der Sage nach im Kyffhäuser schläft, bis sein Bart dreimal um den Tisch gewachsen ist oder bis die Raben nicht mehr um den Berg fliegen. Dann, so will es die Sage, komme er wieder, um bessere Zeiten zu bringen.

Auch das Eichsfeld ist reich an Burgen, ebenso die Höhen rund um das Thüringer Becken, das Werratal. Thüringen war eben schon im Mittelalter ein gut besiedeltes und politisch bedeutsames Land.

Tatkräftig und beweglich, lebensfroh und aufgeschlossen

«Die Thüringer» gibt es nicht, genausowenig, wie es «die Bayern», «die Sachsen» oder «die Preußen» gibt. Das wirkt nur so aus der Entfernung. Schon mit der Sprache fängt es an. Sprächen und verstünden sie nur ihren Dialekt, würden ein Greizer und ein Eichsfelder, ein Suhler und ein Ruhlaer sich ebensowenig verstehen wie ein Ostfriese einen Niederbayern. Die Mittellage Thüringens als Durchgangsland hat immerhin frühzeitig dazu beigetragen, diese Dialekt-Barriere abzubauen. Luthers Verdeutschung der Heiligen Schrift fußt nicht zufällig auf der Amtssprache dieses Landes.

Einst war der Rennsteig die natürliche Sprach- und Stammesgrenze zwischen Thüringern und Franken. Doch von alters her bildeten die Pässe über den Wald eine Brücke für die dort ansässigen Menschen, mit deren Hilfe Handel und Verkehr betrieben wurden. Thüringen war sozusagen immer multikulturell. Vordem, in grauer Vorzeit etwa, hatte es schon keltische Einflüsse gegeben, sorbische Gruppen haben an der Besiedlung des Saaletals mitgewirkt. Nachdem die Franken das Thüringerreich besiegt hatten, folgten Siedler nach – der Stadtname «Frankenhausen» am Fuße des Kyffhäuser ist beredtes Beispiel dafür.

Kurze Verschnaufpause an einer der in Thüringen allgegenwärtigen Würstchenbuden (Foto: Hilmar Pabel, 1955).

Doch im Schmelztiegel der Geschichte ist aus alledem doch ein Völkchen geworden, das tatkräftig und beweglich, lebensfroh und aufgeschlossen durchs Leben geht – bei allen regionalen Unterschieden, die es auch heute noch gibt. Es hat seine eigenen Sagen und Sitten, seine eigenen Feste wie den Weimarer Zwiebelmarkt oder den Eisenacher Sommergewinn, die Heimensteiner Kirmes in Heiligenstadt oder den Wasunger Karneval. Es hatte einst auch seine eigenen Trachten, für die der Blaukittel der Fuhrleute ebenso charakteristisch war wie der «Kindermantel», in dem die Frauen ihre Kleinen trugen und vor den Unbilden der Witterung schützten.

Besiedelt waren ursprünglich nur die Ebenen und Flußtäler. Erst sehr viel später drang man in die Wälder vor. Doch weder da noch dort war Schlaraffenland. Der Reichtum der Städte, der Wohlstand der Bauern in der Ackerebene, erst recht aber der karge Lebensunterhalt der Wäldler und der Eichsfelder verlangten Fleiß, Einfallsreichtum und Beweglichkeit. In den Städten blühte das geistige Leben, und die Menschen aus dem Walde suchten und fanden nach dem Rückgang des weit verbreiteten Bergbaus neue Erwerbszweige, wie beispielsweise die Maskenmacher um Manebach, die Spielzeug- und Puppenmacher um Friedrichroda und Sonneberg. Günstiger entwickelten sich die Lebensverhältnisse dort, wo man zur Herstellung von Glas oder zur Porzellanmanufaktur überging. Berücksichtigt man dann noch die Hundeshagener aus dem Eichsfeld, die als Wandermusikanten unterwegs waren, zeigt es sich, daß die Thüringer immer zur Stelle waren, wenn es um Tätigkeiten ging, die neben praktischem Sinn und Handfertigkeiten eine schöpferische, ja sogar künstlerische Note besaßen.

Der Maler Sascha Schneider (1870–1927) in seinem Weimarer Atelier. Die Heimatstätte der deutschen Klassik war auch nach der Goethezeit ein beliebter Aufenthaltsort für Künstler (Foto um 1904).

So verbinden sich in den Thüringer Menschen jene beiden Eigenschaften des Landes, denen die folgenden Kapitel gewidmet sein sollen – Thüringen als kultureller Nährboden und Land des Gewerbefleißes.

«Kultur-Paradies» Thüringen

Es muß etwas geben, das das Land Thüringen geistig so fruchtbar gemacht hat. Etwas, das Fremde aus aller Welt anzog und sie hier Wurzeln schlagen ließ. Das berühmteste Beispiel dafür ist Weimar. – Wenn man von Kultur in Thüringen redet, muß man mit Weimar beginnen, aber man darf sich nicht darauf beschränken. Zwar entstammt Goethe väter-

Links und unten: Richard Wagners Oper «Lohengrin» wurde 1850 in Weimar uraufgeführt; der Komponist war mit Cosima von Bülow, einer Tochter von Franz Liszt, verheiratet (Ölgemälde von Franz von Lenbach, 1877).

Rechts: Franz Liszt (1811–1886) Anfang der achtziger Jahre im Kreis seiner Schüler in Weimar. Er förderte junge und unkonventionelle Komponisten, unter ihnen auch Richard Wagner.

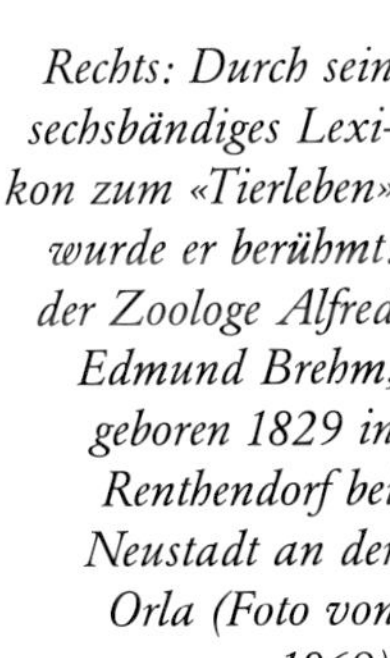

Links: Der Gründer des Bauhauses, Walter Gropius, mit dem russischen Maler Wassily Kandinsky (links) und dem niederländischen Architekten Johannes Pieter Oud (rechts) in Weimar (Foto von 1923).

Rechts: Durch sein sechsbändiges Lexikon zum «Tierleben» wurde er berühmt: der Zoologe Alfred Edmund Brehm, geboren 1829 in Renthendorf bei Neustadt an der Orla (Foto von 1869).

licherseits einer Thüringer Handwerkerfamilie, er kam aber nach Weimar als Frankfurter Patriziersohn. Auch die anderen, die Weimar zur «schöngeistigen Hauptstadt Deutschlands» machten, waren Zugewanderte. Aus Schwaben kamen Schiller und Wieland, aus dem Nordosten Herder und Johannes Falk. Liszt kam aus Ungarn, van de Velde aus Belgien, die Bauhausmeister stammten aus aller Welt. Es muß etwas gegeben haben, was sie alle an Weimar band, manche ihr Leben lang.

Sicher hat die heiter-anmutige Landschaft des Ilmtals das ihre dazu beigetragen. Wahrscheinlich ist aber auch, daß die Kleinheit der Staaten und Vielzahl der Höfe, die hochfliegende politische Ambitionen verbot, den Blick der Regierenden auf geistige Werte lenkte. Denn auch von anderen Residenzen des Landes ist in dieser Hinsicht Beachtliches zu berichten. Wenn die spektakulären Ereignisse meist auch in der Vergangenheit liegen, so sind sie für die Menschen hier doch lebendig geblieben. Das kulturelle Erbe liegt nicht nur in Museen und Gedenkstätten vergraben, sondern ist fester Bestandteil des Denkens und Teil des berechtigten Heimatstolzes. «Was du ererbt von deinen Vätern hast, erwirb es, um es zu besitzen» – das ist in Thüringen, in Weimar geschrieben.

Hätte Anna Amalia, mit zwanzig Jahren als Witwe regierende Herzogin geworden, nicht ihrem Sohn Karl August Erzieher gegeben, die ihn lehrten, allem Neuen gegenüber aufgeschlossen zu sein – einer davon war Wieland –, wäre es wohl kaum zur Freundschaft mit dem jungen Goethe gekommen, zu der Einladung nach Weimar, der Goethe folgte. Dieser zog Herder nach und später Schiller. Wenn sie sich auch alle an der Kleinheit und Kleinlichkeit dieses «unseligen Mitteldings zwischen Hofstadt und Dorf» (Herder) stießen – sie blieben. Bald wallfahrte die ganze gebildete Welt in das Städtchen von 6000 Seelen, Residenz eines Herzogtums, dessen Untertanen nicht gereicht hätten, eine heutige Großstadt zu füllen.

Die führenden Köpfe in Weimar waren allesamt ausgeprägte Charaktere – und recht unterschiedliche dazu. Die Gräfin Egloffstein berichtet von Gesprächen, bei denen die Meinungen so hart aufeinanderprallten, daß selbst Anna Amalias «versöhnene Milde» nicht Ruhe schaffen konnte. Vielleicht hat gerade diese produktive Spannung die Schöpferkraft derer angefeuert, deren Wirken und Nachwirken man im heutigen Weimar auf Schritt und Tritt begegnet.

Weimar muß man erlebt haben, um hautnah zu spüren, daß dieses Erbe nicht tot ist, sondern sich auf mannigfaltige Weise ständig erneuert. Das gilt nicht minder von der Hinterlassenschaft des Mannes, der 1848 nach Weimar kam, um die Stadt auf neue Weise aus dem Tiefschlaf zu wecken, in den sie nach Goethes Tod gefallen war: Franz Liszt. Mit Hoffmann von Fallersleben und anderen Gesinnungsgenossen versuchte er, der – damals – avantgardistischen Musik in Weimar Bahn zu brechen. Er förderte Richard Wagner, Hector Berlioz und Peter Cornelius und handelte sich damit rechten Ärger ein. Auf seine Anregung hin entstand die Musikschule, aus der die jetzige Hochschule für Musik «Franz Liszt» hervorgegangen ist, deren Studenten und Professoren heute das kulturelle Klima der Stadt mitbestimmen.

Aus der Kunstschule des vergangenen Jahrhunderts – auch sie dem Neuen zugewandt – wurde die Kunstgewerbeschule des Jugendstilmeisters Henry van de Velde und danach 1919 das Staatliche Bauhaus unter Walter Gropius. Was damals in Weimar versammelt war, hat heute in der Kulturgeschichte Rang und Namen: Kandinsky und Klee, Muche und Schlemmer, Itten und Moholy Nagy, Marcks und Feininger. 1925 verließen sie Weimar und wechselten nach Dessau, weil der neuen konservativen Mehrheit im Landtag die ganze Richtung nicht paßte und sie kein Geld für die Kunst mehr bereitstellte. Die politische Diffamierung des Bauhauses – die später die SED unter umgekehrten Vorzeichen fortführen sollte – war damals kennzeichnend für eine Entwicklung, die Weimar folgerichtig zur ersten Landeshauptstadt des Deutschen Reiches mit einer nationalsozialistischen Regierung werden ließ.

Wie man Weimar nicht allein nur als Symbol der deutschen Klassik betrachten darf, so kann man die Thüringer Kulturlandschaft nicht allein auf Weimar begrenzen. Johann Sebastian Bach und Heinrich Schütz sind gebürtige Thüringer, ebenso Friedrich Fröbel, der Schöpfer des Kindergartens, und Christian Gotthilf Salzmann, an dessen philanthropisch geprägter Schule in Schnepfenthal sein Freund und Mitarbeiter GutsMuths den ersten deutschen Turnplatz schuf, der heute noch zu besichtigen ist.

In Gotha gründete Joseph Meyer das Bibliographische Institut, das in Hildburghausen fortgeführt wurde, wo schließlich 1839 auch der erste Band des ersten «Conversations-Lexikons» erschien.

Von Erfurt muß gesprochen werden, wo der Mystiker Meister Eckehart gewirkt hat, der Stadt, die 1392 ihre eigene Universität gründete und unterhielt (die einzige städtische in Deutschland neben Köln), bis sie 1816 von der preußischen Regierung geschlossen wurde.

Fortsetzung Seite 73

In Freundschaft verbunden, den Blick entschlossen nach vorn gerichtet: Das berühmte Goethe-Schiller-Denkmal vor dem Nationaltheater in Weimar legt Zeugnis ab von der engen Verbundenheit der beiden für die deutsche Klassik so prägenden Dichterfürsten. Es wurde 1857 vom Dresdner Bildhauer Ernst Rietschel entworfen.

Das Rokokoschlößchen Belvedere im Südosten von Weimar war schon zu Lebzeiten Goethes beliebtes Ausflugsziel. Vor dem Jagd- und Lustschlößchen erstrecken sich die weiträumigen Gartenanlagen des Schloßparks mit Orangerie, Heckentheater und einer künstlich errichteten Ruine.

«Mit Goethe vor Tisch nach seinem Garten gefahren», notierte Johann Peter Eckermann in seinen «Gesprächen mit Goethe» unter dem 22. März 1824, und: «die Lage dieses Gartens [...] hat etwas sehr Trauliches.» Goethe selbst pries 1827 die beflügelnd-beruhigende Atmosphäre seines Häuschens im Ilmpark in Weimar mit dem Gedicht «Gartenhaus am untern Park».

Unter ihm erhielt die Altstadt von Weimar ihr klassizistisches Gepräge: Großherzog Carl August (1757–1828) hoch zu Roß vor dem Grünen Schloß. Unter seiner Regentschaft entwickelte sich Weimar im 18. Jahrhundert zu einem der kulturellen Zentren Deutschlands.

Nächste Doppelseite: *Bücher und Schriften in unglaublicher Fülle birgt die Herzogin-Anna-Amalia-Bibliothek in Weimar. Sie wurde durch die Herzoginwitwe Anna Amalia der Allgemeinheit zugänglich gemacht. Die Bibliothek umfaßt rund 80 000 Bände. Einzigartig sind die umfassende Faust-Bibliothek und die große Sammlung von Shakespeare-Literatur.*

Die Einrichtung von Goethes Arbeitszimmer im Wohnhaus am Frauenplan, das ihm Herzog Carl August 1794 zum Geschenk machte, ist ganz auf die Funktion des Raumes abgestimmt: Hier schrieb der Dichter nicht nur an seinen Werken (siehe hierzu auch Abbildung auf Seite 99), sondern tafelte auch schon einmal gemeinsam mit seinem Freund Eckermann.

Bett, Lehnstuhl und Nachttisch: Goethes Sterbezimmer mit seiner kargen Einrichtung wurde nahezu unverändert belassen. Farbliche Abstimmung und Dekoration der Räume im Wohnhaus am Frauenplan folgen den in Goethes berühmter Farbenlehre von 1810 gewonnenen Erkenntnissen.

Im Wohnhaus von Franz Liszt (1811–1886). Der Pianist, Komponist und Dirigent verbrachte mehrere Jahre seines Lebens in Weimar. Hier wurde er schnell zum bewunderten Mittelpunkt eines geselligen Kreises von Künstlern und Gelehrten.

Arbeitszimmer von Schiller in dessen ehemaligem Wohnhaus in Weimar. Als der schwäbische Dichter 1805 starb, stürzte dies Goethe in eine schwere Krise. Seinem Freund Carl Friedrich Zelter, einem Berliner Musiker, bekannte er: «Ich dachte, mich selbst zu verlieren, und verliere nun einen Freund und in demselben die Hälfte meines Daseins.»

Hinter dieser Renaissance-Fassade wohnte einst eine der berühmtesten deutschen Malerfamilien des Mittelalters: In dem von Nicol Gromann 1549 errichteten, kunstvoll verzierten Gebäude lebten und arbeiteten Lucas Cranach der Ältere (1472–1553) sowie Lucas Cranach der Jüngere (1515–1586). Es befindet sich direkt am Marktplatz von Weimar.

In ihrer Blütezeit in den Jahrzehnten vor und nach 1500 wirkten an ihr Humanisten wie Eobanus Hessus und Crotus Rubianus, Mitverfasser der «Dunkelmännerbriefe», mit denen Ulrich von Hutten Partei für den Humanisten Johannes Reuchlin gegen die Kölner Dominikaner ergriff. Luther war Mönch und Professor in Erfurt – seine Familie stammt aus Möhra bei Eisenach.

Jena, eine weitere Stadt, in der die Kultur auf fruchtbaren Boden fiel, erhielt 1548 seine Universität durch Johann Friedrich den Großmütigen, dessen massige Gestalt noch heute als Denkmal den Mittelpunkt des Jenaer Marktes bildet. Schiller hat vor übervollen Hörsälen in Jena gelehrt, Hufeland und Haeckel, Fichte, Schelling und Hegel waren hier Professoren, ferner August Wilhelm Schlegel, der mit seinem Bruder Friedrich und ihren beiden Frauen einen Kreis schuf, der Mittelpunkt der deutschen Frühromantik werden sollte. Novalis und Brentano verkehrten bei ihnen in Jena, Ludwig Tieck und eben Schelling. Caroline und Dorothea, die beiden Schlegelfrauen, waren zwei der interessantesten und eigenwilligsten Persönlichkeiten dieses Kreises.

In Meiningen war es ein Herzog, der den künstlerischen Erfolg dem politischen vorzog. Georg II., der von 1866 bis 1914 regierte, war sein eigener Theaterintendant, Kostüm- und Bühnenbildner. «Die Meininger» sind in die Theatergeschichte eingegangen als Protagonisten konsequenter Werk- und Geschichtstreue und unbedingten Ensemble-Geistes. Fast zwei Jahrzehnte hat die Theatergruppe aus Meiningen in ganz Europa, von London bis nach Odessa, mit unvergleichlichem Erfolg gastiert.

Die Stadt Meiningen war außerdem ein Hort der Musikpflege. Hans von Bülow hat hier gewirkt, Richard Strauss seine Karriere begonnen, und schließlich holte der greise Herzog Georg noch Max Reger nach Meiningen. Dieser Tradition, Prüffeld für junge vielversprechende Dirigenten zu sein, ist Meiningen im Rahmen seiner Möglichkeiten bis in unsere Zeit hinein treu geblieben. In Meiningen lebten auch der Märchendichter Ludwig Bechstein und der Bibliothekar und Schriftsteller Rudolf Baumbach, dessen Lieder «Hoch auf dem gelben Wagen», «Lindenwirtin» und «Bin ein fahrender Gesell» bekannter sind als er selbst.

Wenn von volkstümlicher Kultur die Rede ist, darf der Hinweis auf die einst vielumschwärmte Primadonna Eugenie John aus Arnstadt nicht fehlen, die im 19. Jahrhundert als Unterhaltungsschriftstellerin unter dem Namen Marlitt bekannt wurde. Kulturgut im weiteren Sinne schafften und schaffen auch jene vielen Porzellanmaler und -designer, Glasgestalter und Töpfer, die noch heute in Thüringen wirken.

Fleißarbeit: vom Bergbau zur Porzellan-Herstellung

Häufig taucht in Orts- und Flurnamen Thüringens die Silbe «Glas» auf. Das läßt darauf schließen, daß die Glasmacherei hier Tradition hat. In der Tat: Schon im 12. Jahrhundert sind im Holzland nahe Klosterlausnitz und auf dem Kamm zwischen Ruhla und Bad Liebenstein Glashütten nachgewiesen, wenig später bei Suhl und bei Paulinzella. Der berühmteste Glasmacherort bis heute aber ist Lauscha, sicher nicht zuletzt seiner Spezialisierung wegen. Hier wird Christbaumschmuck geblasen, hier werden Augenprothesen in sorgfältigster Handarbeit hergestellt und nach Möglichkeit sogar individuell angepaßt. Eine andere Art von Glas entsteht in der Gegend um Ilmenau und Geraberg, allerdings in moderner industrieller Fertigung: Thermometer und Laborglas.

Wer sehen will, welche künstlerischen Leistungen mit dem Thüringer Glas hervorgezaubert werden können, sei es nun für Gebrauchsgefäße oder für Schmuckglas, der nutze einen Besuch in Eisenach, wo das Thüringer Museum eine selten schöne Sammlung heimischen Glases und Porzellans zeigt.

Auch die Porzellan-Herstellung hat im Thüringer Wald eine große Tradition. Unabhängig von Johann Friedrich Böttger aus Schleiz (1682–1719), der in Dresden das Porzellan erfand, entdeckten fast zur gleichen Zeit zwei Thüringer die Herstellung des «Weißen Goldes», und zwar Georg Heinrich Macheleid und Gotthelf Greiner. Es entstanden in der

Folge viele kleine Manufakturen und einige große, deren Erzeugnisse heute begehrte Sammelobjekte sind. Die Zahl der Betriebe ist im Laufe der Zeit geschrumpft, doch wird immer noch wertbeständiges Porzellan in Thüringen hergestellt, darunter auch in recht modernen Großbetrieben.

Wie die Porzelliner und die Glasmacher haben die Bergleute in Thüringen aus dem geschöpft, was der Boden hergab. Vom Gold bis zum Schwerspat, vom Kupfer bis zum Eisen wurden in der Vergangenheit wertvolle Rohstoffe aus dem Boden geholt, bis die meisten Lagerstätten versiegten. Nur zwei Vorkommen wurden bis in die jüngste Zeit ausgebeutet: Kali im Werratal und in Nordthüringen sowie Uran bei Ronneburg. Das Ende dieses Bergbaus hinterläßt große soziale Probleme und schwerwiegende ökologische Schäden, deren Aufarbeitung noch viel Zeit und Geld verschlingen wird. Das gilt vor allem für die Folgen des unverantwortlichen Raubbaus beim Uran, die radioaktive Verstrahlung der Landschaft und der Menschen durch Erz und Abraum.

In Jena fanden sich im vergangenen Jahrhundert in einer selten glücklichen Konstellation ein geschickter Mechaniker, ein begabter Physiker und ein hervorragender Glaschemiker zusammen und legten miteinander das Fundament zu einem Betrieb von Weltgeltung. Der Weimarer Carl Zeiß und der Eisenacher Ernst Abbe begründeten mit dem ersten exakt berechneten Mikroskop den wissenschaftlichen Gerätebau. Das dafür taugliche Glas lieferte ihnen Otto Schott.

Ernst Abbe, der nach dem Tod von Zeiß den Betrieb übernahm, wurde der erste «Unternehmer-Professor» und schuf die Zeiss-Stiftung, die nicht nur sozial vorbildlich war, sondern auch erhebliche Mittel für Stadt und Universität bereitstellte. Auch jetzt beginnt das Werk sich wieder zum Stimulator der Wirtschaft in der Region zu entwickeln.

In Suhl und in Sömmerda wurden Waffen erfunden und produziert. In Suhl baut man auch heute wieder kunstvoll verzierte Jagdwaffen, Sömmerda ist inzwischen Standort eines Werkes der Mikroelektronik. Werkzeugmaschinen kommen aus Erfurt, moderne Kraftfahrzeuge aus Eisenach und hochwertige Lebensmittel aus ganz Thüringen gewinnen zunehmend Märkte außer Landes.

Die Leute im Thüringer Wald fanden – soweit sie nicht in Bergbau, Forstbetrieb, Heimarbeit oder Manufaktur tätig waren – vor Ort eine Tätigkeit, die für die Landschaft typisch war. Sie verdingten sich als Fuhrleute für den Vorspann an den Straßen über den Gebirgskamm. Diese waren wichtig für den Handel und Wandel zwischen Frankfurt und Leipzig, zwischen Nürnberg und Halle und deshalb stark befahren. Zwischen Crawinkel und Oberhof herrschte damals schon Einbahnverkehr, vormittags ging es bergauf und nachmittags bergab. Einige der «Blaukittel» brachten es dabei sogar zu einem bescheidenen Wohlstand. Oberhof war zu jener Zeit nicht viel mehr als ein Hof mit Ausspanne, Schankwirtschaft und Zollstation, später dann mit einigen Waldarbeiterhäusern. Heute ist die kleine Stadt Oberhof ein schmucker Erholungsort. Um den Großen Beerberg bei Oberhof liegt eines der beliebtesten Wintersportgebiete des Thüringer Walds.

Reiseland Thüringen

Als 1837 der Gothaer Verleger Friedrich Christoph Perthes zum ersten Male seine Ferien in Friedrichroda verbrachte, das damals noch ein winziges Städtchen von 1500 Einwohnern war, und hinterher davon schwärmte, wie gut er sich erholt habe und wie schön die Umgebung gewesen sei, setzte er eine Entwicklung in Gang, die die Lebensumstände der Menschen seitdem grundlegend verändert hat. Reichtum hatten sie in der Vergangenheit kaum erwerben können, meist nicht einmal einen sicheren Verdienst. Gastlich waren sie dennoch immer gewesen, wie schon 1807 der Gothaer Naturforscher und Reisende Karl Ernst Adolf von Hoff (1771–1837) lobend vermeldete. Jetzt konnten sie damit auch noch ihren Lebensunterhalt verdienen.

Bei allem Bemühen, immer ganz Thüringen im Auge zu behalten – das Haupterholungsgebiet des Landes liegt im Thüringer Wald. Wenn dort auch in den vergangenen

Die Zeiten haben sich geändert, und damit auch die Werbung. Einige Markennamen jedoch sind heute immer noch ein Begriff: Der Name Zeiss beispielsweise als Synonym für Qualitätserzeugnisse der optischen und feinmechanischen Industrie.

Jahrzehnten mancherorts monströse Urlaubersilos gebaut worden sind, die die Landschaft verschandeln, so ist der Thüringer Wald doch groß genug, um den ungestörten Genuß der Landschaft zu ermöglichen. Sogar in den Urlaubszentren um Friedrichroda und um Oberhof lassen sich noch immer Spazierwege finden, auf denen man selten einem Menschen begegnet, wenn nicht gerade Ferienzeit oder Wochenende ist. Hochsaison im Thüringer Wald ist allerdings nicht nur im Sommer, sondern vor allem auch im Winter, wenn Straßen und Häuser in den Höhenlagen oft tief im Schnee versinken und die Piste den Skiläufern gehört.

Auch für den, der es geselliger liebt, ist gesorgt. Im Sommer bieten sich etwa gemeinsame mehrtägige Rennsteigwanderungen an – eine Tradition des Rennsteigvereins vom Beginn unseres Jahrhunderts, die nun wieder aufgenommen worden ist. Der Wassersport an den Stauseen gehört sicher zu den eher geselligen Freizeitbeschäftigungen, während die stille Teichlandschaft um Plothen im Osterland, zwischen Gera und Frankenwald, eher dem beschaulichen Naturgenuß entgegenkommt.

Auch einige versteckte Winkel sind zu entdecken: das Eichsfeld mit seinen bewaldeten Kuppen und blitzsauberen Dörfern, von dem weite Teile jahrzehntelang als Grenzgebiet unzugänglich waren; die Orte am südlichen Harzrand um Ellrich und Nordhausen und das seiner Randlage wegen wenig erschlossene Waldgebiet des Hainich südwestlich von Mühlhausen, dessen Höhenweg im Gegensatz zu dem des «großen Bruders» Rennstieg heißt.

In dieser Gegend soll auch der geographische Mittelpunkt Deutschlands liegen, wobei es sicher verschiedene Methoden gibt, einen solchen Mittelpunkt zu bestimmen. Die einen finden ihn an der thüringisch-hessischen Grenze in der Gegend um Wahnfried und Treffurt, andere wieder fixieren ihn nahe Mühlhausen bei dem Dorfe Fechtla. Wie auch immer: Die Experten haben nun also mit wissenschaftlicher Genauigkeit festgestellt, was die schöne Metapher immer schon gesagt hat: Thüringen ist der Mittelpunkt unseres Landes, ob man es nun als geographisches Zentrum, als kulturellen Knotenpunkt oder schlicht als «das grüne Herz Deutschlands» ansieht.

Beschaulich, maßvoll, weltoffen

Thüringen in Erzählungen und Berichten

Winterromantik

An einem kalten Wintertag, als sogar die Straßen in der Stadt verschneit waren, befand ich mich in Eisenach, einem Städtchen im Sächsischen, und sah dort eine lange Reihe von jungen Leuten durch die Straßen ziehen, die Lieder zum Lobe des Höchsten sangen. Sie waren die einzigen lebenden Wesen auf der Straße, denn die strenge Kälte trieb alles in die Häuser, aber ihre Stimmen, die sich, beinahe so harmonisch klingend wie die der Südländer, hier unter dem rauhen Himmel hören ließen, verursachten eine um so tiefere Rührung. Die Einwohner des Städtchens wagten bei der fürchterlichen Kälte nicht, die Fenster zu öffnen, aber hinter den Scheiben bemerkte man junge und alte, ernste und heitere Gesichter, die mit Freuden diesen religiösen Trost empfingen, den die sanfte Melodie ihnen zutrug.

Germaine de Stael, 1816

Auf der Wartburg

Wenn man in südöstlicher Richtung, wie ich heute, in der Nacht um 2 Uhr, aus Eschwege wegfährt, so wird man sich gegen Morgen an dem Höhenzuge befinden, welcher gegen den vom Thüringer Waldgebirge zum Harzgebirge fortlaufenden Gebirgskamm ansteigt, wodurch die Wasserscheide zwischen dem Flußgebiet der Weser und Elbe oder zunächst der Werra und Saale gebildet wird. Bei ganz frühem Tageslichte kam ich nach Kreuzburg, wo abermals Salzwerke im Tale sich ausbreiten. Es hatte gereift, und dichte Herbstnebel spannen sich mit manchen schönen Effekten in den Tälern hin und um die Berge. Nachdem man dann noch eine Höhe erstiegen hat, öffnet sich höchst anmutig eine weite Einsicht in die Berge des Thüringer Waldes. Eisenach breitet sich aus, und die alte Wartburg zeigt sich wieder auf ihrer Höhe, mir ein Zeichen, daß [...] ich nun werde den Vorsatz ausführen können, welchen ich im August bei flüchtiger Durchfahrt durch diese Gegend gefaßt hatte, nämlich dies alte Stammhaus für Thüringens Geschichte und Deutschlands Poesie genau zu durchwandern.

Und so geschah es denn, daß ich heute vormittag unter reinstem Himmel den anmutigen bequemen Weg nach Eisenach zur Wartburg hinauf ging, von dem Überblick der Gegend um so mehr auf eigentümliche Weise ergötzt, als einzelne Abbildungen dieser Örtlichkeiten in frühester Jugend die ersten Vorbilder gewesen waren, an denen sich der werdende Trieb zum Bilden und Malen entwickelt hatte.

Wie das übrigens so oft geht, die Phantasie hatte sich die ganze innere Anlage des Schlosses bedeutender, kriegerischer gedacht – und es sieht doch gar einfach still und friedlich hier oben aus. Die kleinen alten Gebäude des Eingangs, weiter hinten im Hofe zur Linken ein mäßiges Gebäude mit dem alten Rittersaal, und am Ende ein einzelner alter Turm, das – nebst einem neuern Wohnhause und einigen ökonomischen Gebäuden, ist das Ganze der nun bald 800 Jahre zählenden, von Graf Ludwig II. von Thüringen erbauten Burg. – Ganz allein und ungefragt trat ich in das alte öde Tor der Burg, der Herbstwind spielte mit dem Grase auf dem Burghofe, und betrachtend stand ich lang unter dem alten Gemäuer, bis ein junges Mädchen aus dem Hause, wo sonst die Torwacht hielt, mich gewahr wurde und mir anbot, mich weiter umherzuführen. – [...]

Ein ganz besonderes Vergnügen: Schlittenfahrt im Thüringer Wald (Foto: Hilmar Pabel, 1955).

«Der Wintersport in Thüringen […] hat in dem jungen Herzog Karl Eduard von Sachsen-Coburg-Gotha einen eifrigen Förderer. Unsere Fotografie zeigt vorn rechts das herzogliche Paar mit Gefolge auf einer Skitour in den thüringischen Bergen.» So ist auf der Rückseite der Abbildung zu lesen (Foto um 1910).

Der erste Eindruck ist ehrfurchtsgebietend und verrät ein wenig von der großen Bedeutung der Stadt im Mittelalter: Mächtig und majestätisch heben sich die Turmspitzen von Dom und Severikirche in Erfurt gegen den Himmel ab. Im Vordergrund der Domplatz, nicht nur der größte, sondern auch der älteste und bedeutendste Markt Erfurts (Foto 1890/1900).

Nach all diesem wendeten wir uns zu dem ersten Gebäude an und über dem Burgtor. – Hier ist im verfallendsten, ausgebrochensten Zustande das Stübchen vorhanden, in welchem im Jahre 1521/22 Luther 10 Monate lang gewohnt hat. – Man kann sich nicht besser diese Zustände vergegenwärtigen, als wenn man sich hervorruft, was er von hier aus selbst über sein Leben und dann über seine Bibel-Übersetzung schreibt. – Nämlich: – «Ich bin außer der Maßen mit vielen Geschäften beladen, muß täglich zwie predigen, bringe die Psalmen zusammen, richte die Postille zu, antworte meinen Widersachern und verlege beide zu Latein und Deutsch die Bulle und schütze mich. Will schweigen der Briefe guten Freunden zu schreiben und andrer Hindernisse, die sich täglich zutragen, jetzt mit denen, die um mich sind, jetzt mit frommen Leuten zu reden, handeln, Rat geben!» – und dann: «Ich habe meine größte Treue und Fleiß in der Bibelübersetzung erzeiget und *dabei nie falsche Gedanken gehabt*, denn ich habe keinen Heller dafür genommen, noch gesucht, das weiß Gott, mein Herr.» – Hält man den Begriff einer solchen Individualität fest, so kann man nicht anders als lebensvoll empfinden, es sei immer für ein Glück zu achten, auf irgendeine Weise durch irgendein Zusammentreffen in ihre Atmosphäre tiefer einzutauchen und sich an der ausgezeichneten Tüchtigkeit, mit welcher sie sich in ihrem Wege behauptete, für Bewahrung und Entwicklung der uns selbst eigentümlich zugeteilten göttlichen Idee entschiedener zu kräftigen.

Carl Gustav Carus, 1835

Rundblick über Erfurt

Wenn ich in eine fremde, große Stadt komme, so suche ich sie immer zunächst von einer Höhe zu überschauen. Liegt sie in einer Ebene, so ersteig ich den nächstbesten Kirchturm, auch wenn's im August ist. Denn eine Vogelschau bringt auf einen Schlag Antwort auf eine ganze Reihe von Fragen: wo der Kern der Stadt zu suchen ist, wie sie wuchs, in welcher Richtung sie nun die Glieder streckt und wo die Reichen, wo die Armen wohnen. Aber

Am Fischmarkt stehen zwei der schönsten Erfurter Wohn- und Handelshäuser: das Haus «Zum Roten Ochsen» und das Haus «Zum Breiten Herd» (Bildmitte) (Foto um 1928).

noch mehr vermag hier ein Blick zu erkennen, oft klarer und gewiß anschaulicher, als es die Stadtchronik berichtet: was die Menschen hierher zog, warum auf diesem Boden eine große Stadt erwuchs und wie sie sich behauptete. In Erfurt läßt sich solche Überschau mühelos gewinnen; rings heben ja Hügel ihre dicht umlaubten Häupter; der stattlichste im Südwesten der Stadt, der Steiger, wie derlei einzelne Vorberge in Thüringen so oft heißen. Man kann bis dicht an den schönsten Aussichtspunkt fahren. [...]

Wie malerisch ist der Ausblick gegen Westen, auf das Hochheimer Tal; steigt man höher, so sieht man bei sinkender Sonne in der Ferne eine langgestreckte, rötlich schimmernde Wolkenwand den Horizont begrenzen; sie liegt dem Aug bald näher, bald ferner, flammt auf und wird dunkler, zittert wohl auch in den Lüften und zerrinnt doch nie; es sind die Höhen um Friedrichroda bis Liebenstein. Ähnlich wenn man bis zu dem «Waldhaus» im Süden geht; nur ist die Wand, von dort aus gesehen, weiter geschwungen und schimmert dunkler, vom satten Blau bis ins tiefe Schwarz, je nach dem Sonnenstand und der Trockenheit der Lüfte: das sind die Höhen des Thüringer Waldes von der Wartburg zur Linken bis an die Höhen des Saaletales zur Rechten. Aber am schönsten ist der Ausblick nach Norden, auf das Geratal und die Stadt Erfurt.

Um etwas zu erkennen, zu erfassen, hatte ich dies Bild gesucht, aber ich will's nur sagen: als ich's zuerst sah, grübelte ich über gar nichts, sondern da hatte ich nur eben meine helle Freude dran. Welche bunten, heiteren Farben: rot die Dächer, weiß die Häuser, grün die Gärten, golden die Äcker und blau die Flüsse, und welche Häufung anmutiger oder doch besonderer Formen, die vielen Hügel und die unzähligen Türme: Erfordia turrita, wie die Humanisten ihre stattliche Heimstätte nannten, das vieltürmige Erfurt ... Was mir dann zunächst in die Augen stach, war ein Stück Feldes im Westen zwischen dem Cyriaks- und dem Petersberg, von dem ich lange nicht wußte, was es sein könnte; das schimmerte nur so von Farben, und selbst mit dem Feldstecher besehen, war's wie ein Regenbogen, der dort vom Himmel gesunken und nun festgebannt auf der Erde lag – so aus der Ferne ein phantastisches Bild, aber noch wundersamer aus der Nähe; es sind die Blumenfelder vor dem Brühler Tor. [...] Dann der Dom; ich hatte ihn, ehe ich die Höhe des Steigers erreichte, schon vom Vesperplatz aus gesehen, sie haben dort eine Schneise ins Eichenlaub geschnitten, und in der steht nun, ähnlich wie man durch die Schneise bei der «Hohen Sonne» ob Eisenach die Wartburg sieht, scheinbar einsam aus tiefem Wald aufragend, das graue, gewaltige Münster; auch dies ein märchenhaftes Bild, aber schon von dieser Höhe noch schöner, wo man den Dom aus der alten Stadt zu seinen Füßen emporwachsen sieht, und am schönsten vom Domplatz.

Erst nun, nachdem ich das Gesamtbild und vieles einzelne betrachtet hatte, suchte ich mir Antwort auf meine Fragen. Was die Menschen an einen Ort gezogen hat, ist oft schwer, zuweilen unmöglich zu erkennen, weil es auch Städte gibt, die gleichsam gegen den Willen der Natur, nur durch die Kraft der Menschen und durch das Erblühen eines Staates groß geworden sind; das merkwürdigste Beispiel dafür ist Berlin. Anders Erfurt; hier war's der Wille der Natur, eine große Wohnstätte zu schaffen; vom Steiger aus läßt sich dies klar erkennen.

Vor allem, dieser Kessel zwischen Waldbergen ist überaus fruchtbar, es schimmert nur so von Obstgärten, Blumen- und Gemüsebeeten; nur im Norden, wo der Kessel in die Ebene übergeht, wogt ein Ährenmeer; sonst ist der Boden für Getreide zu kostbar. Gewiß hat der Fleiß der Menschen dazu mitgewirkt, aber «so prangt eine Flur», um mit dem alten Gellert zu sprechen, «nur durch Gottes Odem». Der Naturforscher drückt es eben nur anders aus, wenn er uns belehrt: dieser Kessel war einst ein Seebecken, der Boden ist Muschelkalk, von einer dicken Humusschicht überzogen; und in diesem ergiebigsten Boden, den man wünschen kann, finden sich zudem auch Salzlager eingesprengt. Dazu der Fluß, die Wälder. Also Holz, Wasser, Brot und Salz in reichster Fülle, wie sonst kaum irgendwo in Thüringen – schon darum muß hier früh eine Siedelung entstanden sein.

Aber noch mehr: dieser Kessel war eine der frühesten menschlichen Wohnstätten in Europa, und er ist, was fast ein Unikum bedeutet, immer besiedelt geblieben. [...]

Aus der Fruchtbarkeit dieses Kessels, aus ihr allein kam Erfurt die Kraft, die unsäglichen Stürme zu überdauern, die es gleichfalls nicht bloß nach dem Willen der Menschen, sondern auch nach dem Willen der Natur ereilten. Denn sie hat Erfurt wie zur «Stadt der Ackerbauer», zur «Stadt der Blumen», so auch zur Festung gemacht.

Auch dies läßt sich vom Steiger aus leicht erkennen. Der Kessel ist im Süden, Westen und Osten von stattlichen, steilen, aufragenden Vorbergen des Thüringer Waldes umschlossen, nur nach Norden offen. [...]

Aber die dritte ihrer Gaben war der Stadt wieder nur zum Heil; auch zur Handelsstadt, zum Knotenpunkt der Verkehrswege hat die Natur und nicht der Wille der Menschen, nicht das Schicksal der Staaten Erfurt gemacht, und dies enthüllt sich gleichfalls vom Steiger aus mühelos dem Blick. Die Straße vom Westen nach Osten mußte durch diesen Kessel gelegt werden; jede andere wäre ein Umweg oder der Wegebaukunst des Mittelalters unmöglich gewesen. Und ebenso muß hier durch, wer von Süden nach Norden, vom Thüringer Wald nach dem Kyffhäuser und dem Harz will, aus Franken nach Sachsen. Die Bahnlinien, die sich hier oder im nahen Neudietendorf schneiden, folgen uralten Handelsstraßen, gewiß älter als unsere Zeitrechnung.

Karl Emil Franzos, 1903

Von der Natur reich bedacht: Erfurt

Erfurt sei keine Stadt, sondern ein Land, sagte man im Mittelalter. Die selbständigen Städte im Reich glichen alle mehr einem schweizerischen Kanton als einer heutigen Stadt, insofern sie von einem mehr oder weniger ausgedehnten untertänigen Landbesitz umgeben waren; der von Erfurt war besonders groß. Es hatte, als es auf dem Höhepunkt seiner Macht war, auf 610 Quadratkilometer 95 Ortschaften und alles in allem 42 000–50 000 Einwohner, wovon etwa die Hälfte auf das Land fielen. Sein Reichtum ruhte in dem fruchtbaren Boden, der den Waid hervorbrachte. Diese Pflanze, die im Mittelalter dazu

Fortsetzung Seite 97

Das Johannistor in Jena. Die Altstadt wurde während des Zweiten Weltkrieges schwer zerstört. Nur wenige der alten Mauerzüge und Türme sind noch erhalten.

Nächste Doppelseite: «Jena vor uns im lieblichen Tale», dichtete einst Gottfried Benn über einen Besuch seiner Mutter im Saaletal, «es war wohl ein Wort von hoher Warte,/ ein Ausruf hatte die Hand geführt,/ sie bat den Kellner um eine Karte,/ so hatte die Landschaft sie berührt […].»

Jenaer Kaffeehaus
1907
SCHUHSALON

FOTOHAUS
FOTOHAUS
SOFTEIS

Das Jugendstil-Theater in Gera wurde 1902 von Heinrich Seeling erbaut, dem Architekten des Berliner Theaters am Schiffbauerdamm.

Vorangegangene Doppelseite: Auf dem Marktplatz von Jena steht das Denkmal Kurfürst Johann Friedrichs des Großmütigen, der 1548 die dortige Universität gründete.

Im Theater von Gera, das wegen seiner traditionsreichen Pflege der Schauspielkunst und der Musik bekannt ist, spielt auch heute ein festes Ensemble.

Zum Geraer Theater gehört auch ein Konzertsaal, der in seiner Gestaltung etwas strenger wirkt als der benachbarte Theatersaal, diesem aber in seiner einladenden Wärme und geschickten Lichtgebung in nichts nachsteht.

Nächste Doppelseite: In Gera liegen alt und neu nahe beieinander: im Vordergrund der Markt mit seinen Bürgerhäusern aus dem 18. Jahrhundert, im Hintergrund links das moderne «Haus der Kultur».

THÜRINGER MASCHENMODE
JUGENDBOUTIQUE

IMBISS
IMBISS
HO Textil

Drogen Farben Foto
Textil
Richard Arendt
Young Fashion Shop

Beim Spaziergang durch Altenburgs Altstadt sollte man sich Zeit lassen: Zahlreiche Bürgerhäuser aus Renaissance und Barock säumen den Weg; ein Abstecher ins nahegelegene Schloß sowie den Schloßgarten mit Teehaus und Orangerie lohnt sich ebenfalls.

Viele kleine Städte in Thüringen haben sich den dörflichen Charakter noch bewahrt. Wie hier in Schmölln bestimmen oft noch die alten Fachwerkhäuser das Bild.

Vorangegangene Doppelseite: Das «fünffache Lottchen» im Vordergrund deutet es an – Schmölln lebt neben anderem von der Spielwaren- und Schmuckherstellung.

Hereinspaziert: Mitten in Altenburg liegt das Schloß mit seiner gotischen Kirche sowie dem aus dem 19. Jahrhundert stammenden Landschaftspark des preußischen Gartenarchitekten Peter Joseph Lenné (1789–1866). Die Schloßbauten stammen aus neun Jahrhunderten.

Das barocke Rathaus am Schmöllner Marktplatz gibt der Hochzeitszeremonie den gebührenden Rahmen.

Nächste Doppelseite: Das Sterngewölbe in der Schloßkirche zu Altenburg (Bildmitte oben) schuf Moyses von Altenburg, der die Kirche nach dem Brand von 1444 erneuerte. 1645 bis 1649 wurden von Christoph Richter die barocken Emporen gestaltet.

Unweit vom Altenburger Schloß steht die Bartholomäuskirche, deren mächtiger achteckiger Turm zwischen 1660 und 1669 von Christoph Richter geschaffen wurde. Das Kirchengebäude selbst stammt aus dem 15. Jahrhundert.

diente, das soviel gebrauchte Tuch blau und schwarz zu färben, wurde nur in Thüringen gebaut und in Erfurt weitaus am meisten. Man sagt, daß die Erfurter, wenn sie eine feindliche Burg gebrochen hätten, den wieder geglätteten Boden unter dem Rufe «Heia, es wachse der Waid!» mit Waid besät und dadurch erst recht sich zu eigen gemacht hätten.

«Erfurt ist ein fruchtbar Bethlehem. Erfurt liegt am besten Ort. Da muß eine Stadt stehen, wenn sie gleich wegbrennete.» So urteilte Luther; aber er warf auch den Erfurtern vor, daß der Überfluß der Natur sie träge mache und daß sie am Fett erstickten. Eine so außerordentlich begünstigte Stadt, reich durch die Produkte der Erde, leicht zu befestigen, am Kreuzungspunkt aller Handelsstraßen gelegen, seit Jahrhunderten besiedelt, hätte eine ruhmreichere und glücklichere Geschichte haben sollen; reich wurde sie auch, gewann aber nie die ausschlaggebende Stellung, die ihr, wie man meinen könnte, als Mittelpunkt Deutschlands gebührt hätte. Es ist kaum begreiflich, daß sie nicht die Reichsfreiheit erwarb, was manche andere mit geringeren Mitteln durchsetzte; es fehlte ihr auch nicht an Verbindung mit den Kaisern, seit Erfurt am Ende des 14. Jahrhunderts das Schloß Kapellendorf erworben hatte, das vom Reiche zu Lehen ging, so daß Rat und Bürgerschaft deswegen dem Kaiser huldigen mußten und des Reichs Liebe Getreue betitelt wurden. So greifbar kam das Glück ihnen entgegen, daß Kaiser Siegmund, der ein romantisches Interesse an den Einrichtungen des Reichs nahm, sie zur Beschickung der Reichstage einlud. Der Rat lehnte ab mit der Erklärung: «daz unsere stait Erfurt keyn rich stait nicht en ist unde wir an daz riche ouch nicht gehoren, sondern an unsern gnedigen hern von Mencz ende sinen stifft, als daz kundlich und uffenbar gnug ist.»

RICARDA HUCH, 1929

Klassikerschelte

Weimar ist ein artiges Städtchen. Der Hof ist äußerst populär, und der regierende Herzog treibt die Popularität und Philosophie vielleicht zu weit. Es setzt sich mit allen Menschen parallel und nimmt Rollen in gesellschaftlichen Schauspielen, welche die schönen Geister und Bedienten seines Hofes unter sich aufführen. Er liebt das Romantische und erkletterte nicht sonder Lebensgefahr in Gesellschaft seines ebenso ritterlichen Busenfreundes, Herrn Goethe, auf seiner letzten Schweizerreise den sturzdrohenden Felsen mitten im Fall des Rheins unter Schaffhausen, von dem die Gewalt des Sturzes schon große Stücke weggerissen hat und der immerfort bis in seine Grundfesten erbebt. Mit diesem liebenswürdigen Gefühl für das Kühne und Abenteuerliche verbindet er einen ausgebildeten Geschmack an allem, was Kunst heißt. Sein Hof besteht fast bloß aus schönen Geistern, und sogar sein Generalsuperintendent (welcher Dir ganz unbekannte Titel soviel als ein kleiner Papst heißt) ist ein schöner Geist, der das erste Buch Mose als eine poetische Rhapsodie erklärt und auch in der neuern rhapsodischen Gestalt unter dem Titel «Urkunde der Menschheit» herausgegeben hat.

Die vortreffliche Bildung des Herzogs ist ein Werk des berühmten Wieland, den romantischen Zug seines Charakters ausgenommen, den er Herrn Goethe größtenteils zu verdanken hat. Wieland ist ohne Widerrede der beste Kopf unter den Schriftstellern Deutschlands. Keiner verbindet so viel Studium mit so viel Genie als er, den einzigen Lessing ausgenommen. [...] Seine Werke sind keine Rhapsodien im Geschmack der neueren deutschen Dichterlinge, sondern haben das wahre Gepräge der Kunst. Auch die flüchtigen Produkte seiner frohen und launigen Augenblicke verraten eine Meisterhand, die im Zeichnen geübt ist und ihren gewissen Pinselstrich hat. Man sagt von den großen Malern, daß man sie sogar in den Zügen erkennt, die sie mit dem Abwischen ihrer Pinsel machen. Wieland ist einer von den wenigen deutschen Schriftstellern, welche die Nachwelt unter die klassischen setzen wird, nachdem die Schriften der meisten anderen zum Düngen der Felder werden verbraucht sein. Man macht ihm den Vorwurf, er wiederhole sich zu oft. Ich meinesteils habe in seinen Schriften wenig eigentliche Wiederholungen bemerkt, wohl aber, daß er, wie alle großen Schriftsteller, seine Lieblingsideen hat, die er immerfort dreht und wendet, um sie den Lesern auf allen Seiten und in jedem Licht zu zeigen. Ich wüßte nichts an ihm zu tadeln, als daß er sein Studium zu wenig versteckt, seine ungeheure Lektüre zu viel auskramt und manchmal vergißt, daß seine Leser in gewisse Vorstellungen nicht so verliebt sein mögen als er; und dann auch, daß er ehedem, als er noch nicht Hofrat und Prinzenhofmeister war, wahrscheinlicherweise manchmal schreiben mußte. [...]

Wieland ist – was sonst wenige Dichter sind – ein guter Hausvater. Wirklich lebt er jetzt mehr für seine Familie als für das Publikum. [...] Er hat sieben oder acht eheliche Kinder. So viel hat kein Dichter je zur Welt gebracht, wie er selbst versichert, indem er die Lebensbeschreibungen der Dichter bloß in der Absicht, um sich dieses Vorzugs zu vergewissern, nachgeschlagen hat. Eine artige Pension vom Hof setzt ihn nebst dem Gewerbe mit seinem «Merkur» in den Stand, seinem herannahenden Alter mit Ruhe entgegenzusehen, die Freuden des Lebens bis an sein Ende zu schmecken.

Vor Goethes Epoche stand Wieland, wie er es verdiente, an der Spitze des Heeres der deutschen Pallas. Das Schicksal fügte es, daß sich gegen seinen Willen eine ungeschickte Rezension des «Götz von Berlichingen» in seinen «Merkur» einschlich. Goethe rächte sich durch eine Farce, nach seiner Gewohnheit, auf eine – starke Art. Wieland, immer bereit, auf den ersten Wink ins Bockshorn zu kriechen, suchte den Fehler durch eine zweite, geschicktere Rezension gutzumachen. Zum Glück für ihn reiste sein Eleve, der regierende Herzog, bald darauf nach Frankfurt, wo er Herrn Goethe besuchte, ihn mit sich nach Weimar nahm und natürlicherweise mit seinem ehemaligen Hofmeister aussöhnte. Der geschmeidige Wieland nahm hierauf nicht nur etwas von Goethes Ton an, sondern schrieb auch Apologien für Leute von der Partei desselben, auf welche doch fast alle seine vorhergehenden Schriften Satiren waren. Überhaupt ist er einer der größten Sophisten unseres Jahrhunderts, der auf alles eine Apologie und Satire fertig hat und das hergibt, was man ihm bezahlt.

Goethe ist der Liebling des Herzogs. Sie sind Du zusammen. Was die Natur Herrn Wieland gänzlich versagte, das gab sie Herrn Goethe im Übermaß. Ehedem verleitete ihn seine Süffisance wirklich zu Ausschweifungen; allein er hat sich seit einigen Jahren merklich geändert. Er ist nicht nur ein Genie, sondern hat auch wirklich viel Ausbildung. Einige sonderbare Grundsätze trugen mehr dazu bei als seine natürliche Raschheit, daß er – gewiß gegen seine Erwartung – einer Kalmückenhorde das Signal gab, den deutschen Parnaß, der in voller Blüte stand, vor einigen Jahren zu verheeren. Er ist in allen Dingen – aus Grundsatz – für das Ungezierte, Natürliche, Auffallende, Kühne und Abenteuerliche. Er ist der bürgerlichen Polizei ebenso feind als den ästhetischen Regeln. Seine Philosophie grenzt ziemlich nahe an die Rousseausche. [...]

Als das Gefühl seines Genies in ihm erwachte, ging er mit abgekremptem Hut und unfrisiert, trug eine ganz eigene und auffallende Kleidung, durchirrte Wälder, Hecken, Berg und Tal auf seinem ganz eigenen Weg; Blick, Gang, Sprache, Stock und alles kündigten einen außerordentlichen Mann an. Auch in seinen Schriften hielt er eine gewisse Nachlässigkeit für anständiger als eine gesuchte Delikatesse. Er kürzte seine Perioden auf die seltsamste Art ab, nahm veraltete und vulgäre Wörter an und apostrophierte die Hälfte der Vokale, welches für die so vokalarme deutsche Sprache eben kein Freundschaftsdienst war. Seitdem er sich aber auch seine Waden und Backen apostrophiert hat, ist er in allen Sachen geschmeidiger und gelassener geworden. Seine Schriften enthalten sehr viele von den glücklichen Zügen, die eine richtige Menschenkenntnis mit einer starken und reichen Phantasie und einer pikanten Laune vereinbaren. In allen sieht man auch, daß er einen Plan anlegen und übersehen kann und Herr von den Mitteln ist, ihn auszuführen, wodurch er sich von allen seinen Nachahmern auffallend unterscheidet.

JOHANN KASPAR RIESBECK, 1783

Besuch bei Goethe

Es war indes 11 Uhr herangerückt, ja vorübergegangen, und ich eilte nun, Goethes Wohnung aufzufinden. Gleich beim Eintritt in das mäßig große, im einfach antiken Stil gebaute Haus, deuteten die breiten, sehr allmählich sich hebenden Treppen sowie die

Johann Wolfgang von Goethe mit dem Schreiber Schuchardt beim Diktat in seinem Arbeitszimmer (siehe auch Abbildung auf Seite 70 oben) im Haus am Frauenplan in Weimar (Gemälde von Johann Joseph Schmeller, 1831).

Verzierung der Treppenruhe mit dem «Hunde der Diana» und dem jungen «Faun von Belvedere», die Neigungen des Besitzers an. Weiter oben fiel die Gruppe der «Dioskuren» angenehm in die Augen, und am Fußboden empfing den in den Vorsaal Eintretenden, blau ausgelegt, ein einladendes Salve. Der Vorsaal selbst war mit Kupferstichen und Büsten auf das reichste verziert und öffnete sich gegen die Rückseite des Hauses durch eine zweite Büstenhalle, auf den lustig umrankten Altan und auf die zum Garten hinabführende Treppe. In ein anderes Zimmer geführt, sah ich mich aufs neue von Kunstwerken und Altertümern umgeben; schön geschliffene Schalen von Calcedon standen auf Marmortischen umher, über dem Sofa verdeckten halb und halb grüne Vorhänge eine große Nachbildung des unter dem Namen der «Aldobrandinischen Hochzeit» bekannten alten Wandgemäldes, und außerdem forderte die Wahl der unter Glas und Rahmen bewahrten Kunstwerke, meistens Gegenstände alter Geschichte nachbildend, zu aufmerksamer Betrachtung auf. Endlich kündigte ein rüstiger Schritt durch die anstoßenden Zimmer den werten Mann selbst an. Einfach, im blauen Zeugoberrock gekleidet, gestiefelt, in kurzem, etwas gepudertem Haar, mit den bekannten, von Rauch herrlich aufgefaßten Gesichtszügen, in gerader, kräftiger Haltung schritt er auf mich zu und führte mich zum Sofa.

Carl Gustav Carus, 1835

Weimar zu Beginn des 19. Jahrhunderts: Versammelt sind Dichter, Denker, Philosophen und Pädagogen, die – gemeinsam auf ein Bild gebannt – einen kleinen Eindruck zu geben vermögen von der kulturellen Kreativität einer ganzen Epoche …

Über das Sommerschlößchen der Herzogin Amalia

Am Spätnachmittag eines Sonnabends. Es hat ein bißchen geregnet, jetzt ist es heller, die Einheimischen wagen sich wieder heraus, machen freundlichere Gesichter, doch mit einer Vorsicht, als trauten sie dem Wetter nicht ganz. Die Vöglein singen befreit, als ob sie für die Stunde bezahlt bekämen.

Tiefurt? Der berühmte Park mit dem Schlößchen der Herzogin Amalie … Eigentlich, wenn ich offen sein soll, dacht' ich mir das alles schrecklich, – weil die Germanisten immer hingehn (und man sich deshalb einbildet, es blühe da bloß ein Vergnügen für Gebildete, für Privatdozenten, für Leute mit Textvergleichungen, Zahlengedächtnis … und genauer Kenntnis von verschiednen Entwürfen nebensächlicher Dichtungen). Aber nein. Es ist trotzdem sehr schön.

Kinder, dieser Graswuchs. Wie das auf dampfend feuchtem Boden wundersam-grün emporschießt, eine hold rousseausche Landschaft; mit lieben Lichtungen und seligen Weiten eine Parkwildnis. Das grau-grüne Wasser strömt beinahe mit der Wucht eines Gebirgsbächleins über Steine, an der Hügelwand. «Rausche, rausche, lieber Fluß …»

Die dämmrige Luftstimmung erhellt sich. Weiter. Wohin? In das Schlößchen … (Freunde winken von fern, über den fetten Rasen hinweg, wo einstens die «Fischerin» im Freien aufgeführt wurde.) – In das Schlößchen.

Filzpantoffeln muß man überziehn; ich war lange nicht in einem deutschen Schloß, die letzten Latschen, die ich überzog, reichte mir ein Araber am Pförtchen einer afrikanischen Moschee.

In diesem Schlößchen, wie bescheiden, wie anmutig, wie liebreich ist alles, – beinah möcht' man sprechen: wie putzig. – Was hätten die Insassen für Augen gemacht, wenn sie eine durchschnittlich-heutige Wohnung im dritten Stock zu Gesicht bekämen?

… von links nach rechts: Tieck, Jean Paul, Pestalozzi, Fichte, Klopstock, Blumenbach, Hegel, Kleist, Voß, Oken, Schlosser, Cornelius, Goethe, Wilhelm und Alexander von Humboldt, Wieland, Niebuhr, Schleiermacher, Herder, Gauß, Schlegel, Gleim, Iffland, Schiller und Klinger (allegorische Darstellung von O. Knille).

(Wie würde sich eine Berlinerin des leidlich wohlhabenden Mittelstands naserümpfend weigern, in diesen wenig hohen, schlichten Zimmern zu hausen. «Uff Sommerwohnung – maaal allenfalls; da nimmt man vorlieb.» Es liegt Protziges in dieser Gesinnung, aber auch Wohltuendes: Erkenntnis vom verbreiteten und gewachsenen Reichtum der Welt.)

Ein Fremdenzimmer hatte die Herzogin, wo die Frau von Stein und noch eine Besuchsdame schlafen konnten. Oft hat Charlotte dort ihre Kleider auf den Stuhl gelegt und ist (vielleicht mit einem Gedanken an ihren jüngsten Sohn Fritz?) ins Bett gestiegen.

Aber in was für ein Bett? Eine Schiffskoje. Zwei Damen in einem nicht großen Zimmer. (Auch für die andre war eine Koje.) Schrankartige Holzfächer.

Daß Tiefurts Fremdenzimmerchen entzückend ist, steht auf einem andren Blatt. Bequem, gesund und reinlich war es nicht … Aber waren die Erhabenen damals überhaupt reinlich? Im ganzen Haus kein Badezimmer; keine Wasserleitung. – Erinnert Euch, wie am Hofe der Elisabeth mit den Händen gegessen wurde; wie diesen aristokratischen Edelleuten sämtlich, Essex und die Königin eingeschlossen, der Gebrauch von Gabeln unbekannt war. – Die Erlauchten taten das, wofür heut ein Kind Keile kriegt.

Die weimarischen Götter dachten gewiß gleich Leuten alten Schlages: «Man nimmt ein Bad, wenn man krank ist – oder vor der Hochzeit.»

Die Waschschüssel der Herzogin Amalie war ein Suppenteller; worin sie sich […] säuberte. (Das Waschbecken jedes Steinklopfers ist heute viermal so groß – und mit Wasser braucht er nicht zu knausern, weil es Leitungen gibt.)

Aber alles sieht zum Malen aus. Diese Stühle, diese Sofas, diese Spiegel, diese Nischen, diese Türen. Möbelstücke von anno Langistsher. (Frau Pachulke, Gattin eines Buttergeschäfts mit acht Filialen, würde die Möbel so nett finden, wie sie die Räume gräßlich fände.

Weit kann der Blick hier schweifen: Über das Städtchen Sonneberg und das Umland hinweg bis zu den bewaldeten Höhen des Thüringer Waldes am Horizont …

Beim Waschtisch dächte sie an ihre gekachelte Badewanne mit stets vorhandenem heißen Wasser, man braucht bloß aufzudrehn, weißte?) Viel Gipsernes steht herum. Ein Mittelstandsmensch von Geschmack beißt sich heut eher den kleinen Finger ab, als daß er sich im Besitz eines Gipsgebildes ertappen läßt. (Namenlose deutsche Familien haben Urwerke von Rodin in Mamor.)

Damals war man so demütig und zufrieden … Goethe hat manchen kitschigen Spaß geleistet. Man sieht einen Hund aus Papiermaché, den er einer Hofdame, dem Fräulein von Göchhausen, geschenkt; ihr Hund war gestorben, er stellte diesen dafür hin, … und sie war beleidigt. (Von diesem Hund ist ein kleiner Schritt zu dem berüchtigten Reh, oder dem Zwerg, oder dem Pilz in Vorgärten. Das Buttergeschäft würde die Achsel rümpfen: «Ist es zu glauben? Nein, es ist nicht zu glauben!»)

[…] Wundersam ruht über dem Ganzen ein köstlicher Friede – zumal wenn man auf den Altan tritt und in die Wipfel sieht.

War er auch damals? als Menschen dort lebten, atmeten, auf und nieder gingen? … Oder taucht er bloß in uns empor, wenn wir für einen Ruhetag dort einkehren? …

Die Wipfel rauschen, schütteln den Regenrest ab – und über dem selig-hohen Rasen steht die triefende Sonne.

Alfred Kerr, 1920

An der Universität in Jena

Vorgestern als den 26sten habe ich endlich das Abenteuer auf dem Katheder rühmlich und tapfer bestanden und gleich gestern wiederholt. Ich lese nur zweimal in der Woche und zwei Tage hintereinander, so daß ich fünf Tage ganz frei behalte. Das Reinholdische Auditorium bestimmte ich zu meinem Debut. Es hat eine mäßige Größe und kann ohngefähr 80 sitzende Menschen, etwas über 100 in allem fassen; ob es nun freilich wahrscheinlich

... das Landschaftspanorama auf diesem Gemälde von Michael Bandorf aus dem Jahr 1843 scheint die Betrachter im Bild in ehrfurchtsvolles Staunen vor der unbegrenzten Weite der Natur zu versetzen.

genug war, daß meine erste Vorlesung, der Neugierde wegen, eine größere Menge Studenten herbeilocken würde, so kennst Du ja meine Bescheidenheit. Ich wollte die größre Menge nicht gerade voraussetzen, indem ich gleich mit dem größten Auditorium debutierte. Diese Bescheidenheit ist auf eine für mich sehr brillante Art belohnt worden. Meine Stunden sind Abends von sechs bis sieben. Halb sechs war das Auditorium voll. Ich sah aus Reinholds Fenster Trupp über Trupp die Straße heraufkommen, welches gar kein Ende nehmen wollte.

Ob ich gleich nicht ganz frei von Furcht war, so hatte ich doch an der wachsenden Anzahl Vergnügen und mein Mut nahm eh'r zu. Überhaupt hatte ich mich mit einer gewissen Festigkeit gestählt, wozu die Idee, daß meine Vorlesung mit keiner andern die auf irgend einem Katheder in Jena gehalten worden, die Vergleichung zu scheuen brauchen würde, und überhaupt die Idee von allen die mich hören als der Überlegene anerkannt zu werden, nicht wenig beitrug. Aber die Menge wuchs nach und nach so, daß Vorsaal, Flur und Treppe voll gedrängt waren und ganze Haufen wieder gingen. Jetzt fiel es einem, der bei mir war ein, ob ich nicht noch für diese Vorlesung ein anderes Auditorium wählen sollte. Griesbachs Schwager war gerade unter den Studenten, ich ließ ihnen also den Vorschlag tun bei Griesbach zu lesen und mit Freuden ward er aufgenommen. Nun gabs das lustigste Schauspiel. Alles stürzte hinaus und in einem hellen Zug die Johannisstraße hinunter, die eine der längsten in Jena, von Studenten ganz besät war. Weil sie liefen was sie konnten, um in Griesbachs Auditorium einen guten Platz zu bekommen, so kam die Straße in Alarme und alles an den Fenstern in Bewegung. Man glaubte anfangs es wäre Feuerlärm und am Schloß kam die Wache in Bewegung. Was ists denn? Was gibts denn? hieß es überall. Da rief man denn! Der neue Professor wird lesen. Du siehst, daß der Zufall selbst dazu beitrug, meinen Anfang recht brillant zu machen. Ich folgte in einer kleinen Weile von Reinhold begleitet nach, es war mir als wenn ich durch die Stadt, die ich fast ganz durchzuwandern hatte, Spießruten liefe.

Im Festsaal des Rathauses von Erfurt werden die Gemälde von Peter Jansen (entstanden 1868) aufs sorgfältigste restauriert.

Griesbachs Auditorium ist das größte und kann, wenn es voll gedrängt ist 3 und 400 Menschen fassen. Voll war es diesmal und so sehr daß ein Vorsaal und noch die Flur bis an die Haustüre besetzt war und im Auditorio selbst viele sich auf die Subsellien [Bänke] stellten. Ich zog also durch eine Allee von Zuschauern und Zuhörern ein und konnte den Katheder kaum finden, unter lautem Pochen, welches hier für Beifall gilt, bestieg ich ihn und sah mich von einem Amphitheater von Menschen umgeben. So schwül der Saal war, so erträglich wars am Katheder, wo alle Fenster offen waren und ich hatte doch frischen Odem. Mit den zehn ersten Worten, die ich selbst noch fest aussprechen konnte, war ich im ganzen Besitz meiner Contenance, und ich las mit einer Stärke und Sicherheit der Stimme, die mich selbst überraschte. Vor der Türe konnte man mich noch recht gut hören. Meine Vorlesung machte Eindruck, den ganzen Abend hörte man in der Stadt davon reden und mir widerfuhr eine Aufmerksamkeit von den Studenten, die bei einem neuen Professor das erste Beispiel war. Ich bekam eine Nachtmusik und Vivat wurde dreimal gerufen. Den andern Tag war das Auditorium eben so stark besetzt, und ich hatte mich schon so gut in mein neues Fach gefunden, daß ich mich setzte. Doch habe ich beidemal meine Vorlesung abgelesen und nur wenig bei der zweiten extemporiert.

Friedrich von Schiller, 1789

Broterwerb und Puppenzauber

Nachdem ich einige Zeit zwischen Königs-Wusterhausen und Freienwalde geschwankt hatte, entschied ich mich endlich, gutem Rat folgend, für das Dorf Neufang, das im Herzogtum Meiningen zwei Stunden von der bayerischen Grenze gelegen ist, mehr als sechshundert Fuß über dem Städtlein Sonneberg und gegen neunzehnhundert Fuß über dem Spiegel der Ostsee. Ich hatte dabei dreierlei im Sinne. Erstens war es mir darum zu tun, ein paar tausend Raummeter bester Nadelwaldluft zu atmen, zweitens gedachte ich einen befreundeten Mann in Sonneberg zu besuchen, drittens aber einen flüchtigen Blick

Jede Woche werden in der kleinsten Brauerei Thüringens im nordwestlich von Paulinzella gelegenen Singen rund 2000 Liter Bier gebraut. Den wohlschmeckenden Gerstensaft, der noch traditionell hergestellt und in Felsenkellern gelagert wird, liefert man vor allem an die Gasthäuser der Umgebung.

«WÜRKLICH ÄCHT»

Porzellan- und Glasherstellung in Thüringen.

Not, so heißt es, macht erfinderisch. Ob allein aus diesem Grund im Thüringer Land so manche Erfindung das Licht der Welt erblickte, ist nicht überliefert. Unumstößlich jedoch ist, daß manche Forscher- oder Erfinderbiographie auf den Höhen des Thüringer Waldes ihren Anfang genommen hat. Johann Friedrich Böttger beispielsweise, der bei seinen Versuchen das europäische Hartporzellan entwickelte, stammt aus Schleiz in Thüringen. Wenn Böttger 1709 das Porzellan auch nicht auf heimischem Boden, sondern auf der sächsischen Festung Königstein entdeckte, so hat es doch in Thüringen mehrere Nacherfindungen gegeben. Das erste künstliche Auge aus Glas hat gleichfalls ein Thüringer erdacht und in Lauscha hergestellt.

«In dem Nahmen des Allmächtigen und ewigen Gottes! Wahrhaftig- und ausführlicher Proceß, ein würklich ächtes Porcellain in den Fürstlich Schwarzburg-Rudolstädtischen Landen in der größten Menge zu verfertigen. So viel bisher in dieser geheimen Kunst zu erforschen nur möglich gewesen, hierdurch getreulich, aufrichtig und ohne den mindesten Hinterhalt entdeckt und von Wort zu Wort deutlich beschrieben von mir selbst dem Erfinder.» So steht es auf der Titelseite der Patentschrift des thüringischen Gelehrten und Pfarrers Georg Heinrich Macheleid, die er am 8. September 1760 seinem Landesherren übergab.

51 Jahre nach Böttger hatte er, von diesem unabhängig, das streng gehütete Geheim-

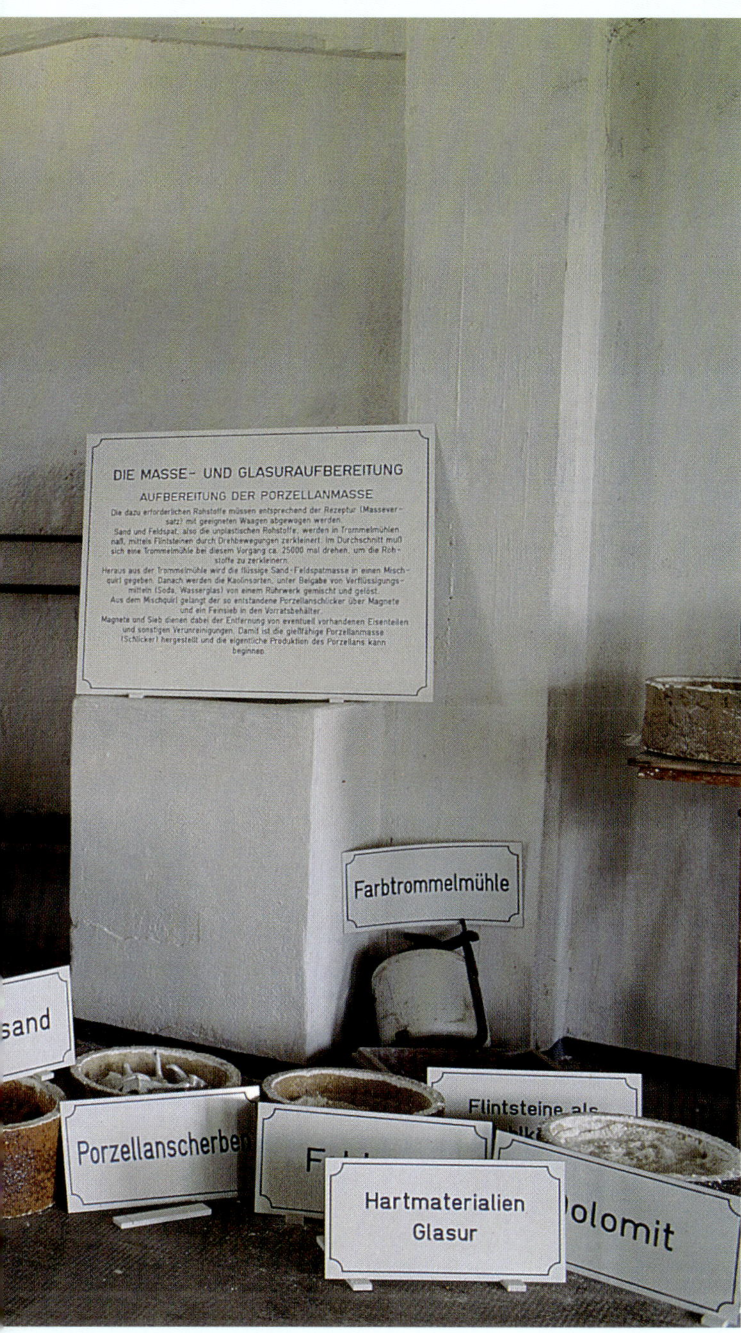

Links: Porzellanservice aus Limbach in Thüringen, hergestellt um 1800. Mitte oben und unten: Im Porzellanmuseum Reichmannsdorf bei Saalfeld wird der Prozeß der Porzellanproduktion anschaulich dokumentiert. Rechts: Thüringer Glasbläser (Fotografien um 1930).

nis der Porzellanherstellung mit seiner Nacherfindung gelüftet. Doch zufällig war dies nicht geschehen. Der 1723 in Cursdorf geborene Junge war von Kindesbeinen an naturwissenschaftlich interessiert; der Vater führte ein Labor zur Herstellung von Kräutermedizin. Zwar studierte der junge Mann zunächst den Predigerberuf, gab diesen aber zugunsten seines Forscherdrangs wieder auf. Während seiner Jenaer Studienzeit hörte Macheleid auch Vorlesungen über keramische Werkstoffe sowie dies und jenes zum Thema Porzellan. Das Geheimnis konnte aber auch hier nicht offengelegt werden. Etwa ab 1757 begann Macheleid in Sitzendorf mit Versuchen zur Herstellung der weißen Kostbarkeit. Drei Jahre später war er am Ziel. Nur vier Wochen nach Einreichen der Patentschrift bekam der einstige Pfarrer Macheleid das fürstliche Privileg, in Sitzendorf eine Porzellanfabrik zu eröffnen. Ein Dutzend Thüringer Porzellanmanufakturen folgte in kurzer Zeit. Kein Wunder, waren doch die natürlichen Voraussetzungen für die Herstellung des Porzellans bestens: Feldspathaltiger Sand, Holzreichtum, billige Wasserkraft und ausreichend Arbeitskräfte. Im praktischen Umgang damit profitierten die «Porzelliner» von den Erfahrungen der Glasherstellung, die im Thüringer Wald seit dem 16. Jahrhundert belegt ist.

Macheleid hatte sich – wie auch andere Unternehmer der Branche – allein auf den technischen Prozeß der Porzellanherstellung konzentriert. Das Aussehen sei Sache der Töpfer und ist «also hierbey weiter nichts zu erinnern» heißt es in der vor über 230 Jahren verfaßten Patentschrift, die im Thüringer Landesmuseum Heidecksburg in Rudolstadt aufbewahrt wird. Das Thüringer Porzellan – bodenständig, urwüchsig und frisch – ist in Form und Dekor stark von der Volkskunst geprägt. Es war weniger für die fürstliche Tafel als für den Tisch der Bürger, Handwerker und Bauern bestimmt. Ob seiner besseren Eigenschaften verdrängte das Porzellan immer mehr das Kupfer-, Zinn- und Keramikgeschirr. Immerhin schmeckten die neuaufkommenden Getränke wie Tee, Kaffee und Kakao aus dem zarteren Porzellan gewiß auch wesentlich besser als etwa aus einem Zinnbecher. Im Dekor des neuartigen Geschirrs fand sich die bunte Blumenmalerei der thüringischen Bauernmöbel, Haubenschachteln und Kuchenbretter wieder. Auch Johann Wolfgang Goethe versuchte sich mitunter als Porzellanmaler. Von ihm in einer Ilmenauer Manufaktur verzierte Tassen schickte er Charlotte von Stein nach Weimar. In einer ehemaligen Porzellanfabrik in Gräfenthal ist ein einzigartiges Museum der Thüringer Porzellanherstellung zu besichtigen. Die dortige Attraktion ist ein dreigeschossiger runder Brennofen. Im Schwarzatal, wo Macheleid das Porzellan erfunden hat, ist die «Sitzendorfer Schatztruhe» ansässig. Dort kann man miterleben, wie unter geschickten Händen kunstvolles Porzellan entsteht. Ein Thüringer Glasmuseum befindet sich in Lauscha, wo jährlich auch ein großer Glasmarkt stattfindet. In mehreren Orten des Thüringer Waldes laden zudem Glasbläserstübchen ein, dem Meister zuzuschauen, wie «vor der Lampe» (Gasflamme) mit dem Mund geblasenes Glas entsteht.

Heinz Stade

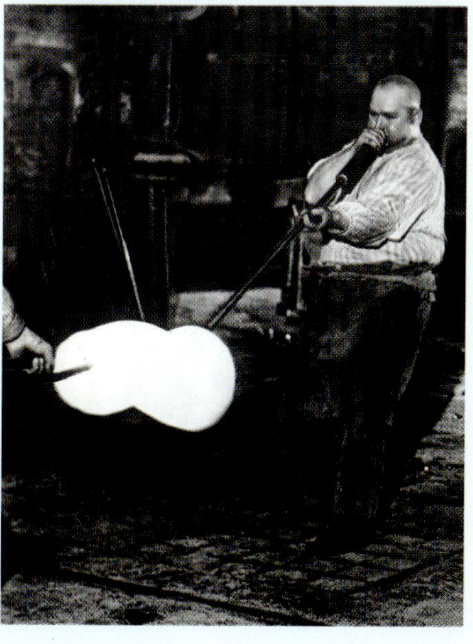

Die Last liegt auf den Frauen: Heimarbeiterinnen aus Lauscha tragen aus Glas geblasenen Christbaumschmuck in ihren Körben (Foto: Erich Salomon, um 1929).

in die Sonneberger Puppenfabriken zu tun. Dieser drei guten Dinge bin ich denn auch froh geworden. Zu einem kleinen Ausfluge von Berlin aus empfiehlt sich Neufang besonders auch dadurch, daß es so leicht zu erreichen ist. In dreizehn Stunden gelangt man auf einem Wege, der zum großen Teil durch das wald- und wurstfrohe Thüringerland führt, von Berlin über Neudietendorf, Grimmenthal und Koburg nach Sonneberg, und von dort ist auf einem ziemlich steilen Pfade in einer halben Stunde etwa Neufang zu erreichen. [...] Das Dorf Neufang, das die Eingeborenen in ihrer fränkischen Mundart Neufigh nennen, ist am Berge hin aufgebaut und nimmt sich äußerlich stattlich aus. [...] Die Häuser haben meist einen Anstrich von Wohlhabenheit, hie und da bemerkt man Spiegelscheiben in den Fenstern. Wie viel ansehnlicher sieht dieser Ort aus, als ein von Bauern bewohntes Dorf bei uns in Norddeutschland! Freilich hat auch Neufang einmal anders ausgesehen um die Zeit, welcher der alte Meusel sich noch erinnert, als der Ort nur aus acht Bauernhöfen bestand. Seitdem haben dieselben viele Hintersassen bekommen, und viele Leute haben sich dort angebaut, die keinen Acker haben. Sie leben von der Handarbeit für die Sonneberger Fabriken und Handlungshäuser. Welcher Art diese Arbeit ist, erfuhr ich bald. Ich sah eine alte Frau über die Straße gehen, welche auf einem Teebrett etwas trug, das ich zuerst für kleine Kuchen hielt. Als ich aber näher zusah, entdeckte ich, daß es lauter Puppenärmchen aus Papiermaché waren. Sie waren soeben aus der Presse gekommen und sollten nun an die Sonne gestellt werden. Am Tage darauf fand ich einen Kuhhirten, der auf der Bergwiese saß, und, wie es schien, Rübchen schabte oder Pilze reinigte. Es waren aber, wie ich näher kommend fand, Puppenärmchen und -Beinchen, mit denen er sich zu schaffen machte, indem er sie mit dem Messer von der überflüssigen Masse befreite, die ihnen hie und da anhaftet, wenn sie aus der Form gekommen sind. Dergleichen Arbeit wirft aber trotz der Mühe, die sie macht, nicht viel ab, darum herrscht in Neufang nicht Wohlhabenheit, sondern Armut. [...] Das sieht man den Kindern an, die barfüßig und im bloßen Hemdchen mit den Gänsen zusammen sich auf der Dorfstraße tummeln, auch bei rauhem Wetter. Einige haben ein Kleidchen an, aber dafür kein Hemdchen. Angebettelt wird man weder von Groß noch Klein in dieser Landschaft. [...]

Nach einem tüchtigen Marsch über Täler und Höhen, Pirschwege und Bergleiten entlang, konnte ich es dann wohl auch mit den weltberühmten Thüringer Kartoffelklößen aufnehmen, obgleich ich mich sonst vor allem Kloßartigen fürchte. Ich wurde wirklich, wenn auch nicht ohne Anstrengung, mit einer dieser ungeheuren, aus zerstampften rohen Kartoffeln geballten Kugeln fertig. Wie viel fragte ich, kann ein Eingeborener von diesen Kegelkugeln zu sich nehmen? Die Antwort lautete: «In der besten Eßzeit, d.h. zwischen dem 17. und 25. Lebensjahre, fünf Stück!» [...]

Sonneberg machte auf mich, als ich es zum ersten Mal sah, einen angenehmen Eindruck: es sah nett aus und roch vorzüglich. Letzteres kam daher, daß vor allen Metzgerläden die weißbeschürzten Gesellen standen und Würstchen rösteten. Wenige brachten es über sich, an einem solchen Roststande unentwegt und ablehnend vorbeizuschreiten. Einige kämpften sichtbarlich eine Weile mit sich. Das liebliche Gerüchlein zog ihnen doch gar zu verlockend in die Nase. Manche, die schon um ein kleines Stück vorbeigekommen waren, legten plötzlich das Steuer um und fuhren ohne Lotsen mit vollen Segeln in den Wursthafen hinein. Verdenken kann ich es ihnen nicht. Die Sonneberger Röstwürstchen sind von großer Güte und wohl dazu angetan, einem Fremden den Aufenthalt in Sonneberg erfreulich zu machen. Dabei erweisen sie sich bildend dadurch, daß man an ihnen «das Ganze des Abbeißens» lernen kann. Sie werden dem Käufer überreicht, eingeschlagen in eine aufgeschnittene Semmel, welche sie an beiden Enden um einiges überragen. Die hervorstehenden Enden abzubeißen, ist keine Kunst; nachdem aber dieses geschehen ist, beginnt die Schwierigkeit, oberhalb und unterhalb des Wurstdurchschnittes mit den Kiefern die Semmel zu erfassen. Mir scheint, daß auch ein zartes Jungfräulein bei dem Versuch, dieses Kunststück mit Anmut auszuführen, dabei mehr oder weniger an die Boa Constrictor erinnert, die das Kaninchen erfaßt hat.

Den glücklichen Wurstverhältnissen reihen sich in Sonneberg die glücklichen Bierverhältnisse an. Ein treffliches reines Bier wird überall verzapft, zu einem noch billigeren Preise, als in dem benachbarten Bayern, nämlich zu zehn Pfennigen für den halben Liter. [...] Allein diese Vorzüge Sonnebergs, so bedeutend sie sind, machen den Ruhm der Stadt nicht aus. Als dieser gilt ihre Industrie. In alter Zeit schon war Sonneberg ein gewerbefleißiges Städtlein, aber Hauptsitz des deutschen Spielzeughandels ist es erst in der zweiten Hälfte unseres Jahrhunderts geworden. Zumal die deutschen Puppen – «Docken» sagten unsere Vorfahren, und so wird auch noch in Sonneberg gesagt – wachsen zum größten Teil im Thüringer Walde auf. An dieser Industrie hat die Umgebung Sonnebergs einen bedeutenden Anteil; an zehntausend Bewohner des Waldlandes betreiben sie als Hausarbeit. Ich besuchte in Sonneberg drei Fabriken, die des Kommerzienrats Dressel, der so freundlich war, selbst mich in seiner Fabrik und in seinem Garten umherzuführen, die von Stier und die von Franz. In den ersten beiden werden vorzugsweise Puppen angefertigt, in der dritten nur fertig bezogene Puppen angekleidet. In diesen Fabriken habe ich Dinge gesehen, bei deren Anblick ich das Gefühl hatte, man dürfe dergleichen nicht sehen, oder, wenn man es einmal gesehen hat, nicht davon sprechen. Das bezieht sich darauf, wie die Glieder und die Köpfe gepreßt oder gegossen, wie die Bälge zusammengenäht und gestopft, wie die Mechanismen zum Papa- und Mama-Sagen eingefügt und die Wach- und Schlafaugen eingesetzt werden. Davon will ich so wenig etwas verraten, wie ich von dem zu erzählen Lust habe, was ich früher einmal in meiner Studienzeit auf dem Theatrum anatomicum gesehen habe. Aber auch manchen freundlichen Anblick habe ich in Sonneberg genossen. Jeden und jede könnte ich auffordern, es mit anzusehen, wie die Augenbrauen und Wimpern gemalt und die Köpfe mit Haarschmuck frisiert werden. Denn von Hause aus sind sie kahl, wie ja gewöhnlich auch die Köpfe der kleinen Menschenkinder. Ihnen werden aber schöne Zöpfe verfertigt aus dem Haar der Mohairziegen, seltener aus Menschenhaar oder Lammwolle. In eigenen Frisiersalons werden ihnen die Perücken aufgepaßt, Locken gebrannt und gewickelt, wird das Haar ihnen gekämmt und gescheitelt.

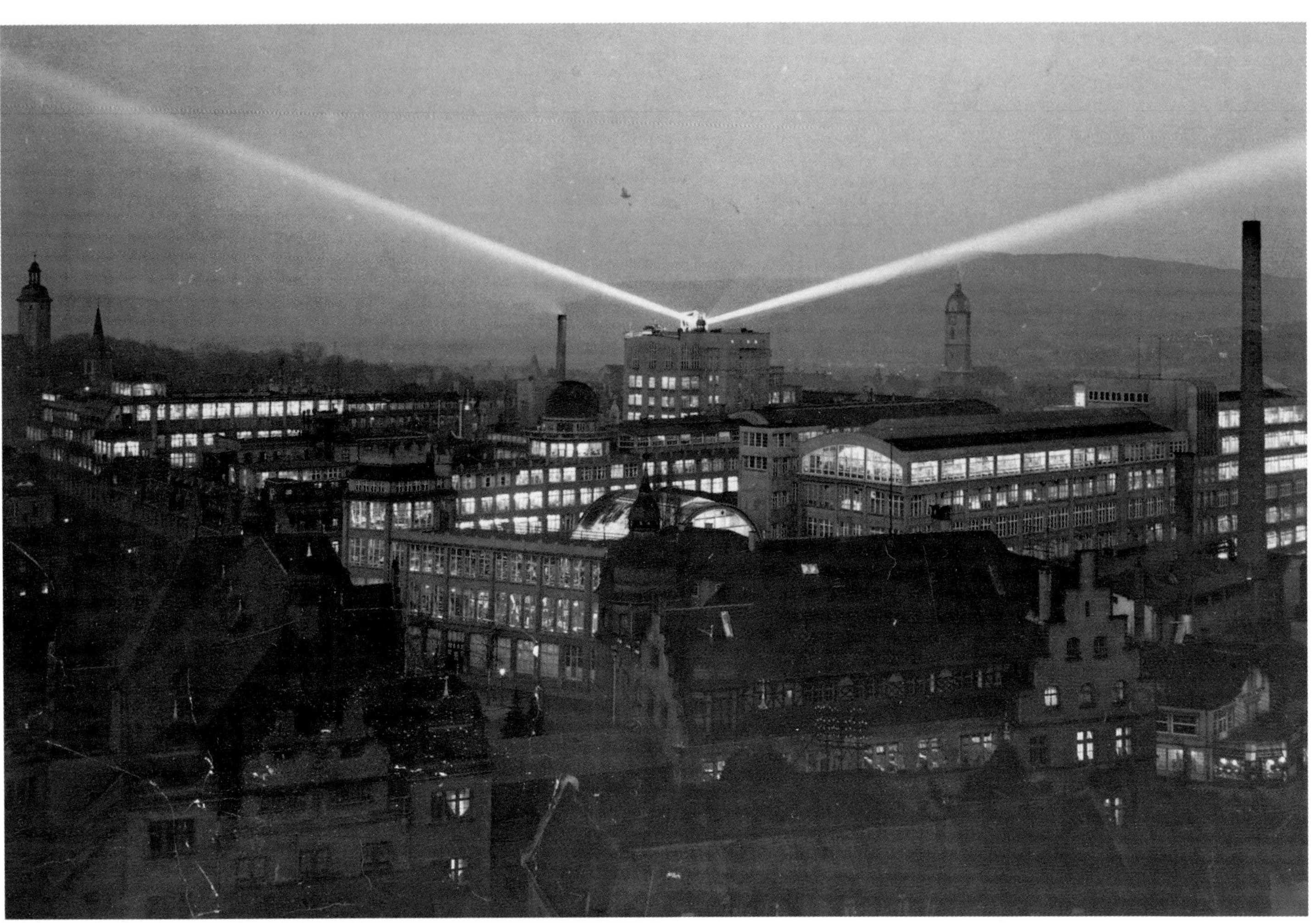

Die mit ihren optischen Geräten weltbekannt gewordenen Zeiss-Werke in Jena wurden in der zweiten Hälfte des 19. Jahrhunderts von Carl Zeiß und Ernst Abbe gegründet (Foto von 1934).

Die Mode wechselt dabei in jedem Jahr, und nach derjenigen, welche jedesmal im Herbst gewählt ist, tragen auch die Fabrikarbeiterinnen sich das ganze Geschäftsjahr hindurch.

Einen allerliebsten Anblick bot das Musterlager der Franzschen Fabrik, welches Hunderte und aber Hunderte kostümierter Puppen aufwies, von denen nicht eine der anderen gleich war, eine aber immer geschmackvoller angezogen war als die andere. Ich hörte, daß Frau Franz während des Sommers all diese verschiedenen Kostüme erfindet. Das ist eine Leistung, die mir noch erstaunlicher erscheint, als die berühmter Schriftsteller, welche jedes Jahr eine neue Gedichtsammlung herausgeben. In solchem Musterlager geht nun im Hochsommer und Herbst der fremde Händler aus England und Frankreich, aus Amerika, aus Asien und Australien prüfend umher und wählt sich unter den vielen Hunderten verschiedener Typen diejenigen aus, von denen er glaubt, daß sie bei ihm zu Hause gefallen werden. «Dressed dolls» steht auf den Kartons, die für den Export bestimmt sind. O ihr Puppen, [...] ihr ahnt es nicht, welche Reisen ihr machen sollt! Bis in die Prärien im fernsten Westen Nordamerikas, bis in die Urwälder Brasiliens und in die Heimat des Gummibaumes wagt ihr euch! [...]

An Sonnabend kommen die Bewohner der Walddörfer, Männer und Frauen, in die Stadt, um die im Laufe der Woche verfertigte Arbeit an die Händler und Fabrikanten abzuliefern und an diesem Tage wird der Lohn mit ihnen verrechnet. Gebückt schreiten sie einher, große Tragkörbe auf dem Rücken, auf die gewöhnlich noch große flache Körbe aufgebunden sind. Was sie an Lohn für mühsame Arbeit bekommen, ist sehr wenig; aber es klagen auch die Händler und Fabrikanten darüber, daß sie wenig Gewinn haben, weil durch die steigende Konkurrenz die Preise der Waren immer tiefer herabgedrückt werden. Abgesehen von einigen Fabrikherren, Händlern und Bierbrauern haust ein armes Völkchen in Sonneberg, auf Neufang und in den Walddörfern.

Johannes Trojan, 1887

Stadtansicht von Pößneck um 1930. Die ehemalige Tuchmacherstadt kann auf eine – verwaltungstechnisch gesehen – wechselhafte Geschichte zurückblicken: Seit dem 15. Jahrhundert gehörte sie zu jeweils verschiedenen Kleinstaaten, so etwa im 17. und 18. Jahrhundert zu Saalfeld, im 19. Jahrhundert zu Meiningen.

Die Klosterruine von Paulinzelle

Der stärkste Zauber freilich, den Paulinzelle übt, liegt nicht in der Wehmut über das Verlorene, sondern in der Freude an dem Erhaltenen. Der Dom gehört wie zu den ältesten so zu den schönsten und größten Werken romanischen Stils auf deutscher Erde und verbildlicht die reinste Zeit dieses Stils, den Hochromanismus. Schon die Maße imponieren an sich, wie sie durch ihr Verhältnis zueinander das Auge laben: an so kühnen, schlanken Formen darf es sich selten erfreuen. Der Hirsauer Mönch, der den Bauriß entwarf – keine Urkunde nennt seinen Namen – war ein ebenso trefflicher wie wagemutiger Künstler: das Langhaus ist fast doppelt so hoch, als es breit ist, selbst das Querhaus (Kreuzschiff) noch immer etwas höher als breit, der ganze Bau vom Hochaltar bis zur Eingangspforte der Vorkirche etwa viermal so lang als breit und nur wenig über das Doppelte länger, als er hoch ist. Zur Vergleichung ziehe ich einen gleichfalls herrlichen allbekannten Dom an, St. Stefan zu Wien, und zwar eben deshalb, weil schon er im Innern den Eindruck kühn und leicht aufstrebender Maße macht. Das Innere von St. Stefan ist um etwa 2 Meter niedriger als das von Paulinzelle, hingegen um 28 Meter länger; die Breite des Kreuzschiffs übertrifft die Höhe um nahezu das Dreifache. Bei dieser ungemeinen Neigung des Paulinzeller Künstlers zum Schlanken und Hohen wäre der Eindruck seines Werks ein minder feierlicher, wenn nicht der Säulenbau ein so wuchtiger wäre; das stellt die Harmonie wieder her.

Diese Sandsteinsäulen – sie mußten wie in ihrer Höhe so im Querschnitt gewaltig sein, weil sie die ungeheure Last der über ihnen aufsteigenden Quadermauern der Scheidewände tragen – sind der schönste Schmuck der Ruine. Wie sie so aufragen, über ihnen, von Säule zu Säule gespannt, die hohen, stolzen Rundbogen der mächtigen Mauern, fallen sie selbst dem stumpfen Blick durch das feine Ebenmaß der Dimensionen auf – ein Bauer, der, einen Sack Kartoffeln auf dem Rücken, durch die Ruine ging und mich zu den Säulen emporblicken sah, blieb stehen und teilte meine Freude: «Nech zu dicke, nech zu dinne, 's is doch gar zu scheene!» Aber schön ist auch der Schmuck jeder einzelnen Säule; durchwegs in demselben streng romanischen Stil gehalten, zeigen doch Basen und Kapitelle innerhalb dieser Grenze große Abwechslung: Löwen-, Drachen- und Menschenköpfe in Relief, namentlich jene Fratzen, die vielleicht nur Kinder der Künstlerlaune sind, während man sie als absichtsvolle Verbildlichungen der Laster aufzufassen pflegt; dazu Eckblätter und eingemeißelte Ornamente von reicher Erfindung; nur das Schachbrett wiederholt sich oft. Selbst die plumperen Pfeiler, an denen es auch hier nicht ganz fehlt, während sie bekanntlich an Bauten derselben Zeit ausschließlich angewendet wurden, sind mit solcher Zierde reich bedacht. Wer sie nachzeichnen wollte, bekäme die schönste Mustersammlung der Kleinkunst dieses edlen herben Stils zusammen. Wie vor mancher Fassade der Renaissance beschäftigte mich auch hier der Gedanke: Wie kommt's, daß unsere Monumentalbauten, auch die reichsten, keinen solchen individualisierten Kleinschmuck aufweisen? War damals die Welt an Talenten reicher, oder hatten diese Talente mehr Zeit, oder mußten sich damals Talente mit so bescheidenen Aufgaben begnügen, die sich heute an Größerem betätigen können? Es kommt einem Wunder gleich, wenn man erwägt: das haben in einer rohen, armen, dunklen Zeit Steinmetzen in einem abgelegenen Winkel der Erde vollbracht, wo es so gut wie völlig an Vorbildern fehlte!

Der größte Schmuck der Kirche aber, zugleich nächst dem Triangel am Erfurter Dom das stolzeste Werk deutscher Baukunst in Thüringen, ist das Hauptportal. Es ist in der Anlage einfach und klar wie der ganze Bau: vier nach innen sich verjüngende Rundbogen, die zur Rechten und Linken auf je vier Säulen aufstehen: das ist alles. Aber wie schön sind auch hier die Maße, wie feierlich und anmutig zugleich der Gesamteindruck; wahrlich, durch eine solche Pforte mochte man gern treten.

Karl Emil Franzos, 1903

Thüringer Kirmes

Kirmse heißt aber das Zauberwort für die Freuden des Landmannes, Kirmse, aus Kirchmesse gebildet, ist mit Kirchweihe gleichbedeutend. Doch auch Städte haben ihre, zum Theil volkbelebten Kirmsen; von diesen war und ist die mit einem Jahrmarkt verbundene Peter-Kirchweihe zu Erfurt eine der bekanntesten; ihre Feier fällt auf den Sonntag nach Ostern. Zahlloses Landvolk strömt da zur alten ehrwürdigen thüringischen Metropolis, es wird getanzt, gezecht, gejubelt, auch gilt die Kirchweihe zugleich als fröhliches Kinderfest. Eine andre auf ähnliche Weise begangene Erfurter Kirmse ist die Hospitalkirchweihe. Im Altgothaischen, Meiningischen und mehrern andern thüringischen Vereinsstaaten haben nur einzelne Ortschaften das Vorrecht, besondere Kirmsen zu halten, die übrigen Feiern gleichzeitig an bestimmten Tagen, meist im Spätherbst, die Landkirmse. Zur eigentlichen Kirmsefeier durch Tanz verbinden sich gewöhnlich eine Anzahl Burschen zu einer Sodalität, deren es dann an größern Orten oft 2 bis 3 giebt, sie machen eine gemeinschaftliche Kasse, dingen für die Dauer der Kirmse (3–4 Tage) Musikanten, miethen einen Tanzsaal, errichten eine Maie (Maie ist eigentlich Birke, hier wird aber eine hohe Tanne verstanden), die, mit Kranz und Bändern geziert, auf einem geeigneten Platze aufgerichtet wird. Schon deren Holen aus dem Walde und ihre Ausschmückung veranlaßt vielen Jubel. Außerdem ist nach altem deutschen Brauch die Dorflinde, der Gemeindeversammlungsplatz, auch der Platz dieser ländlichen Festlust.

Fast jeder Ort hat seine besondern Bräuche, im Allgemeinen aber ist da, wo eine Kirmse recht solenn begangen wird, ihr Hergang folgender. Musikanten blasen festlich den Kirchweihmorgen an, bald tönt der dreimalige Glockenruf zum Gottesdienst, zur Kirmsenpredigt. Im besten Sonntagsstaat wallt Alles zur Kirche, die Kirmsenburschen, meist schon mit ihren Mädchen, mit großen Sträußern geschmückt, paarweise, Musik voran. Der Kantor oder Schulmeister führt mit seinen Choradjuvanten, nach verlesenem Festevangelium, eine Cantate oder Motette oder dgl. auf, und es folgt die Predigt und der übrige Ritus. Nach der Kirche begiebt sich der Zug der jungen Leute meist unter die Linde oder in das Wirthshaus zu einem «Gelag», bei dem Kuchen, Bier, Branntwein, Tabak u. dgl. die Hauptrolle spielen. Ein oder einige «Platzmeister» halten Ordnung, sorgen für das leib-

Fortsetzung Seite 129

Alte Fachwerkhäuser, verwinkelte Gassen: Der Ort Schmalkalden wurde bereits 847 urkundlich erwähnt und spielte während der Zeit der Reformation eine bedeutende Rolle – hier verbündeten sich die protestantischen Fürsten im «Schmalkaldischen Bund» gegen Kaiser Karl V.

Nächste Doppelseite: Blick über den Marktplatz von Meiningen vom Turm der «Kathedrale», wie die Meininger ihre neugotische Stadtkirche aus dem späten 19. Jahrhundert liebevoll nennen.

OPTIK MEYER

Im Treppenhaus von Schloß Elisabethenburg in Meiningen, das 1682 bis 1692 als Residenz der Herzöge von Sachsen-Meiningen erbaut wurde.

Im Landestheater von Meiningen. Das frühere Hoftheater wurde nach einem Brand im Jahre 1908 zu einem gewaltigen neoklassizistischen Bau umgestaltet.

Der festlich erleuchtete Zuschauerraum im Meininger Theater, der einstigen Spielstätte jener Schauspieltruppe, die Ende des 19. Jahrhunderts europaweit Aufsehen erregte. «Die Meininger» gastierten allein zwischen 1874 und 1890 in insgesamt 36 Städten mit 2500 Vorstellungen.

Bei Saaldorf. Das satte Grün der Wälder und die märchenhafte Atmosphäre der Landschaft gaben Thüringen seinen zweiten Namen: das «grüne Herz» Deutschlands.

Rechts, links und unten: Bei Stützerbach am Rennsteig, dem «klassischen» Wanderweg hoch oben auf dem Kamm des Thüringer Waldes. Ganz in der Nähe, auf dem 861 Meter hoch gelegenen Kickelhahn, fing Goethe in einem seiner bekanntesten Gedichte die verzaubernde Atmosphäre jener Landschaft ein: «Über allen Gipfeln ist Ruh …»

Nächste Doppelseite: eine der schönsten deutschen Flußlandschaften, das Saaletal im Osten Thüringens. Vorbei an Burgen und traditionsreichen Städten ist eine Reise entlang der Saale auch eine Entdeckungsfahrt in die Vergangenheit.

«Thüringen war stets die Bildungsschule guter Forstmänner», notierte 1826 Carl Julius Weber in seinen «Briefen eines in Deutschland reisenden Deutschen».

Wenn es Herbst wird in Thüringen, dann färbt sich das Laub wie andernorts auch. Eine Besonderheit bringt diese Jahreszeit allerdings hier mit sich: Durchziehende Tiefs verbunden mit Föhnwetterlagen tauchen dann das südwestliche Vorland des Thüringer Waldes in dichten Nebel, während im nordöstlichen Vorland die Sonne scheint.

Mischwälder sind selten geworden in Thüringen. Nur noch vereinzelt unterbrechen Buche, Ahorn oder Esche die Monokulturen von Fichte und Kiefer. Meist finden sich kleine Laubstriche nur noch am Gebirgsrand oder in der Nähe größerer Siedlungen.

Schloß Heidecksburg in Rudolstadt. Hoch über der Saale gelegen, erinnert die barocke Schloßanlage, früher Residenz der Fürsten von Schwarzburg-Rudolstadt, in nichts mehr an die wehrhafte mittelalterliche Burg, die einst an dieser Stelle stand.

Links und rechts: Rund eine Viertelmillion Menschen besuchen alljährlich den Schloßpark und die staatlichen Museen von Schloß Heidecksburg. Zahlreiche Kunstsammlungen, Ausstellungen von Möbeln, Waffen und Porzellanen, aber auch klassizistischer Plastiken und Gemälde des 17. bis 20. Jahrhunderts sind hier zu besichtigen.

Die prachtvolle Rokoko-Inneneinrichtung von Schloß Heidecksburg stammt vom Weimarer Baumeister Gottfried Heinrich Krohne. Besonderheit am Rande: Ganz in Rot stattete er die Räume des Fürsten aus, während er die Bereiche der Fürstin ganz in Grün hielt.

Nächste Doppelseite: Nicht weit von der Klosterruine Paulinzella liegt das ehemalige fürstliche Amtshaus mit seiner beeindruckenden Fachwerkfassade aus dem 16. Jahrhundert. Es diente im Laufe der Zeit als Justiz-, Rent- und Forstamt.

In einem kleinen bewaldeten Tal zwischen Ilmenau und Rudolstadt erhebt sich die Ruine der Klosterkirche von Paulinzella. Die dreischiffige Säulen-Basilika aus romanischer Zeit verfiel in der zweiten Hälfte des 17. Jahrhunderts durch Entnahme von Baumaterial und entwickelte sich später durch die landschaftlich reizvolle Umgebung zu einem Ort romantischer Verklärung.

liche Bedürfen, regeln, soweit man auf einer Kirmse sich regeln läßt, den Tanz, und führen die Kasse. Sie sind meist an besondrer Tracht kenntlich. Einer mit weißer Zipfelmütze und vorgebundener weißen Schürze trägt die hölzerne oder lackirte Bierkanne, welche thüringisch Schleifkanne, hennebergisch Rätze heißt. In den Häusern der Wohlhabenden, der Gutsbesitzer, Pachter, Pfarrer, Förster ect. haben sich indeß zahlreiche Gäste aus den Städten eingefunden und die Kirmsen-Essen nehmen ihren Anfang. Haupt- und Lieblingsgerichte sind Fische, Gänse, Wildpret, Klöße, Sauerkraut, und das Desert besteht aus Kuchen verschiedenster Art, namentlich Rosinen- und Mattenkuchen. Gleich nach der Mahlzeit wird Kaffee gegeben und unter Gesprächen, Spielen und Scherzen der Nachmittag verbracht [...] Das junge Landvolk durchzieht an manchen Orten nach der Kirche das ganze Dorf mit Musik, festlich geputzt, mit Bändern und Blumen. Die Kirmsenburschen tragen ein auf die Achsel gestecktes bunt seidenes Tuch, das sie von ihren Mädchen erhalten, und aus jedem Haus, wo erwachsene Töchter wohnen, die zu den Kirmsenjungfern gehören, wird Kuchen zum Feste gesteuert, den man auf einem Schiebekarren voraus und zum Gelage fährt. Auch ziehen wohl die Kirmsenburschen und Mädchen in die Häuser der genannten Honoratioren und tanzen dort, wenn es nur irgend der Raum erlaubt, einige Reihen. Auch der Hahnenschlag ist an manchen Orten üblich, der Bärentanz, wobei der den Bären Vorstellende in Gerstenstroh gebunden wird und Gaben oder Scherzprügel bekommt, sowie Vermummungen und Verkleidungen, Ritte und Wagenzüge nach befreundeten Nachbarorten u. dgl. So auch wird zum öftern nach einem Hammel geritten, der, geschmückt, in feierlicher Prozession durch das Dorf geführt und geleitet, dann unter Musik und Jubel geschlachtet und endlich verzehrt wird.

Ludwig Bechstein, 1843

Maß und Mitte: Gruß an Thüringen

Die Thüringer entschädigten sich für manchen Vorrang, den die Sachsen in Anspruch nahmen, durch größere Beschaulichkeit. Sie nannten ihr kleines Land gern das «Grüne Herz Deutschlands», und sie hatten Weimar, Jena und Eisenach als Trumpfkarten im Spiel. Der Leipziger Thomaskantor Bach kam aus Eisenach. Und die größten Dichter deutscher Zunge, Goethe und Schiller, hatten ihr Bestes in Weimar gegeben. Die Thüringer hatten die Wartburg und Martin Luther, sie hatten Nietzsche. Sie hatten Naumburg, Erfurt, Gotha und die kleineren Residenzen. Aber – von Rivalität und Stammesneid konnte eigentlich nie die Rede sein. Selbst die Sprache bildete keine Grenze (wie etwa nach Norden hin, wo Obersächsisches gegen Niedersächsisches stößt): unmerklich fast ging das Thüringische ins Sächsische über. Die Thüringer artikulierten etwas schärfer, aber der leichte Sington brachte sie den Sachsen so nahe, daß die «Süddeutschen» hier ebenso schwer einen Unterschied wahrnahmen, wie ihn etwa der Mitteldeutsche zwischen badischem und schwäbischem Dialekt wahrnimmt.

Was Mitte heißt, erfährt der in ihr Wohnende erst, wenn er sie verläßt. Die Nachsicht und das Verständnis Andersgearteten gegenüber paaren sich ja ganz natürlich mit einem sehr verschwiegenen, kaum empfundenen Bewußtsein für das Eigene. Grenzen schärfen das Bewußtsein und die Eigenart. Das Wohnen inmitten der Verschiedenheiten stimmt tolerant, nachsichtig, nicht selten auch humorig. Dem Mitteldeutschen fällt es nicht schwer, sich selbst zum besten zu halten. Er lächelt gern über sich und seinesgleichen und über die eigene nachgiebige Art. Er verschmäht es auch, die Dinge absolut ernst zu nehmen – oder doch wenigstens: ernster als sie sind. Aber er leistet, was zu leisten ist. Und im Tiefsten weiß er wohl auch Vorteil zu ziehen aus seiner Offenheit nach allen Seiten hin. Er fühlt die große Freiheit, die der Mitte innewohnt: die Freiheit, nach allen Seiten auszustrahlen – in die willkommene oder gegebene Richtung –, und er ist dabei doch ein elastischer Stehaufmann, der am Ende wieder zu sich und in seine Mittel-Lage zurückkehrt. Maß und Mitte sind ihm zur zweiten Natur geworden.

Rudolf Hagelstange, 1956

Heinz Stade

Städte und Landschaften, Geschichte und Kultur

Wenn Wissensdurst und Neugier gestillt sind, soll auch das leibliche Wohl nicht zu kurz kommen: Restaurants wie dieses hier in einem Hotel unterhalb der Wartburg sorgen dafür.

Allgemeine Informationen

«Die Gegend ist herrlich, herrlich!» schrieb Johann Wolfgang Goethe 1776 in einem Brief aus dem thüringischen Ilmenau. «Herrlich! Herrlich!» soll er auch gerufen haben, als er, bereits 82jährig, am 27. August 1831 zum letzten Mal vom Gipfel des Kickelhahns bei Ilmenau auf den Thüringer Wald hinabschaute.

«Herrlich, herrlich» mögen auch in unseren Tagen all jene rufen, die das südlichste der fünf neuen Bundesländer Deutschlands besuchen. Dies um so mehr, da erst nach dem Wegfall der deutschdeutschen Grenze jenes von Herbert Roth stammende Lied, das den Thüringern eine Art Hymne geworden ist, vollends in die Tat umgesetzt werden kann: «Ich wandre ja so gerne am Rennsteig durch das Land [...]».

Bevor wir Ihnen Städte, Orte und Landschaften näher vorstellen, noch ein paar Informationen zu Thüringen, die man im «geistigen Reisegepäck» bei sich tragen sollte:

Geographische Lage. Zusammen mit Hessen bildet das Land Thüringen die Mitte Deutschlands. In einer Flur beim thüringischen Mühlhausen weisen Experten den geographischen Mittelpunkt Deutschlands nach.

Wer bis 1990 Thüringen sagte, meinte die Bezirke Erfurt, Gera und Suhl. Das machte eine Fläche von 15209 Quadratkilometern aus für über 2,5 Millionen Einwohner. Seit der neuen Länderstruktur vom Juli 1990 kamen mit Altenburg, Artern und Schmölln drei Kreise aus den ehemaligen Bezirken Halle und Leipzig hinzu.

Ein Blick auf die Karte (siehe Seite 155) offenbart, mit welchen berühmten Landschaften sich Thüringen die «Grenze» teilt. Im Norden ist der Südrand des Unterharzes eingeschlossen. Im Osten grüßt das westliche Vogtland, im Süden grenzt Thüringen an den Frankenwald, und im Westen reichen Rhön und Werratal an das thüringische Gebiet heran.

Klima. Wie das ganze Deutschland präsentiert sich auch Thüringen klimatisch: feucht, wintermild und sommerwarm. Die jährlichen Niederschlagsmengen schwanken zwischen unter 500 Millimeter im Thüringer Becken und bis zu 1200 Millimeter in den Kammlagen des Thüringer Waldes. Ausnahmen und Extreme hat es zuhauf gegeben – Gedenktafeln, Markierungen an Gebäuden und Brücken sowie Ortschroniken sprechen davon.

Durch Thüringen fließt viel Wasser. Flüsse mit vertrauten Namen sind die Saale (die vielbesungene, mit dem nicht mehr ganz so hellen Strande), Werra, Elster, Gera, Ilm, Unstrut und Schwarza. Seen gibt es keine, Talsperren und ähnliche Staugewässer schon.

Fauna und Flora sind zwar nicht mehr unberührt, aber noch immer außerordentlich mannigfaltig. Besonders in Naturschutzgebieten wie «Wartburg – Hohe Sonne», «Großer Inselsberg», «Vessertal» und «Schwarzatal» kann man das anschaulich erleben. Aber auch in zahlreichen anderen Teilen der Großlandschaften «Thüringer Bekken», «Thüringer Wald», «Thüringer Schiefergebirge» und «Meininger Becken» ist das möglich.

Politische Zentren. Erfurt (heute Landeshauptstadt), Gera und Suhl, die jahrzehntelangen Bezirksstädte, bildeten bis 1990 die politischen Zentren Thüringens. Damit verbunden war auch ihre wirtschaftliche Bedeutung und Stärke. Kreisstädte wie Apolda, Arnstadt, Eisenach, Gotha, Greiz, Ilmenau, Jena, Mühlhausen, Nordhausen, Pößneck, Schmalkalden, Sömmerda, Weimar, Worbis und andere hatten, ihrem Territorium entsprechend, oft die gleiche Doppelfunktion.

Sehenswerte Orte von A bis Z

(Ziffern im Kreis verweisen auf die Karte auf Seite 155.)

Altenburg ①. Das über 1000jährige Altenburg hätte noch im Jahr 1989 in diesem Buch keinen Platz gefunden. Denn erst mit der Neustrukturierung der Länder im Herbst 1990 kam der 1165 von Friedrich Barbarossa zur Stadt erhobene Ort wieder zu Thüringen. Die von der Braunkohleindustrie des Meuselwitzer Reviers stark in Mitleidenschaft gezogene Stadt ist weltbekannt, weil hier das internationale Skatgericht seinen Sitz hat. 1886 stellte man in Altenburg das erste einheitliche Skatreglement vor, schon 1832 wurde die erste Spielkartenfabrik Deutschlands eröffnet. Daß sich im Schloß das größte *Spielkartenmuseum* der Welt befindet und in der Stadt ein «Skatbrunnen» plätschert, kann angesichts solcher Fakten nicht verwundern.

Doch auch für Nicht-Spieler birgt Altenburg Reize: Das *Lindenau-Museum* mit seiner umfangreichen Sammlung italienischer Malerei der Vor- und Frührenaissance, das prächtige Renaissance-Rathaus, die Schloßkirche mit der für ihren reichen Formenklang berühmten Orgel von Gottfried Heinrich Trost (1738) wie der Schloßkomplex insgesamt sind der «Spielstadt» Altenburg gewiß ebenbürtig.

«THÜRINGER WEIHRAUCH»

Rostbrätl, Klöße und Thüringer Rostbratwurst.

Gourmets sind die Leute in Thüringen nun wirklich nicht. Ich glaube, sie kümmern sich nicht einmal darum, was dieses neudeutsche Wort wohl meinen könnte. Allerdings glaubten nach Wende und Wiedervereinigung manche der einheimischen Gastronomen, den weitgereisten Besuchern fortan nur noch mit Gerichten der internationalen Art imponieren zu können – warum eigentlich? Herzhaft speckige Bratkartoffeln mit Spiegelei, knusprig braune Bratwurst mit Sauerkraut oder der rustikale Sattmacher «Strammer Max», waren, wie noch vieles andere bisher Gewohnte, von den Karten der meisten Gasthäuser in Thüringen verschwunden. Doch fanden auch diese Wirtsleute und Köche inzwischen wieder zurück zur Tradition und damit zu dem, was ihnen seit Generationen in Topf und Pfanne, auf Holzkohlerost, über offenem Feuer oder im Backofen am besten gelingt: Einfaches und Schmackhaftes. Gott sei Dank! Jetzt gibt es sie zwischen Eisfeld und Eisenach wieder allerorten: die den «Thüringer Weihrauch» verbreitenden herzhaften Bratwürste, die in der Bier-Zwiebel-Marinade vorbereiteten Thüringer Rostbrätl und die mit knusprigen Semmelbröckchen gefüllten Thüringer Klöße. Womit auch schon drei Heiligtümer der hiesigen Küche genannt sind. Voraussetzung freilich ist, es handelt sich bei diesen um die wirklich «echten Thüringer». Denn frei nach Goethes Spruch: «Wenn ihr's nicht erahnt, ihr werdet's nicht erjagen», sind solch lokale Gaumenfreuden nun mal die in langer Zeit gereifte Sache von Spezialisten. Weshalb diese – im Falle der Hersteller der vielgerühmten Thüringer Wurst zum Beispiel – Zutaten und Verarbeitung auch hüten wie ein Staatsgeheimnis.

Von den Thüringer Klößen gibt es in den Haushalten Thüringens mindestens ebenso viele Nuancen wie es hier Dörfer gibt, und jeder schwört, seine seien die einzig wahren. So oder so halten sie sich jedoch alle an das älteste, 1808 von einem Pfarrer im Thüringer Wald notierte Kloßrezept. Klöße oder «Hütes», wie sie mancherorts heißen, sind gewissermaßen die Krönung der Kartoffelspezialitäten. Ihnen steht jedoch die Schmalkaldener «Zamete» kaum nach: Das ist ein Brei aus gekochten Kartoffeln und etwas Stärkemehl; das Ganze wird kräftig zusammengeschlagen. Mit Wurst oder Schinken serviert, als Brei oder in Portionen angebraten oder gebakken, kommt das deftige Gericht einem Sonntagsmahl gleich. Schneller hergestellt und nicht minder beliebt sind «Kartoffeldeitscher». Die den Kartoffelpuffern ähnlichen großen Scheiben werden mal süß – mit Zwetschgen, Apfelmus, Schlagrahm oder Zucker – und mal deftig mit Zwiebeln verspeist. Kommt die Rede auf Kuchenspezialitäten, so sind meist die süßen unter diesen zuerst gemeint. «Kirmeskuchen» steht als Synonym für die zahllosen, einfallsreichen obst- und mohnbeschichteten, die mit Pudding oder Sahne über- oder unterzogenen Leckereien. Herzhaft kann's aber auch hier zugehen. Speck- und Zwiebelkuchen, vom noch warmen Blech entpuppen sich häufig als richtige «Renner».

Heinz Stade

Oben und Mitte: Des Thüringers Lieblingsgericht – Thüringer Klöss (um 1900). Unten: Kampf um die Rostbratwurst (um 1920).

Apolda ②. Nahe der unteren Ilm und nordöstlich von Weimar liegt die Stricker- und Wirkerstadt Apolda. 1593 wurde hier der erste Stricker vermeldet, mit der Einführung des Strumpfwirkerstuhls vom 17. zum 18. Jahrhundert nahm das Gewerbe einen sichtlichen Aufschwung. Dennoch gab es auch viel Armut, was den im benachbarten Weimar dichtenden Goethe in einem Brief schreiben ließ: «[...] es ist verflucht, der König von Tauris soll reden, als wenn kein Strumpfwirker in Apolda hungerte.» Möglicherweise aus gleichem Anlaß entstand eine Redewendung, die man gelegentlich noch heute hören kann: «Und wenn ich wäre von Apolde/ Und könnte machen, was ich wollte/ Und säße bis an'n Hals im Golde/ So blieb ich doch nicht in Apolde.» Seit dem 18. Jahrhundert ist in Apolda auch das Glockengießerhandwerk seßhaft, worüber ein *Glockenmuseum* anschaulich Auskunft gibt.

Arnstadt ③. Die «Pforte zum Thüringer Wald» wurde 704 erstmals urkundlich erwähnt und ist damit der älteste Ort auf dem Gebiet der neuen Bundesländer. Die Stadt war seit 1684 Residenz, woran zahlreiche Gebäude, vor allem aber die Ruine von *Schloß Neideck*, unübersehbar erinnern.

Wer nach Arnstadt kommt, sollte jenes Kleinod deutscher Kulturgeschichte nicht versäumen, das unter dem programmatischen Titel «Mon plaisir» (Mein Vergnügen) im *Stadtmuseum* steht: In 84 «Stuben» geben über 400 aus Wachs geformte Puppen ein Bild Arnstadts aus dem frühen 18. Jahrhundert.

Die um 1215 begonnene *Liebfrauenkirche* und das 1581 bis 1583 entstandene Rathaus sind weitere Sehenswürdigkeiten in der knapp 30000 Einwohner zählenden Stadt.

Bad Blankenburg ④. Die nahe Rudolstadt gelegene, über 750 Jahre alte Stadt, beherbergte in ihren Mauern viele Jahre den Pädagogen Friedrich Wilhelm August Fröbel, der hier im Jahre 1840 den ersten Kindergarten der Welt (*Fröbel-Museum*) gründete. Die zwei Kilometer von der Stadt entfernte *Burgruine Greifenstein*, einst eine der größten deutschen Feudalburgen, lohnt das Kommen mit reizvollen Blicken in das untere Schwarzatal, nach Rudolstadt und Saalfeld.

Bad Frankenhausen ⑤. Am südlichen Fuß des Kyffhäuser, zwischen diesem und der Hainleite, steht die schon vor dem Jahre 900 erwähnte Stadt. Ihr Solbad machte sie ab 1818 berühmt. Bad Frankenhausen ging in die Geschichte ein, nachdem hier im Großen Deutschen Bauernkrieg in der entscheidenden Schlacht am 15.5. 1525 über 5000 aufständische Bauern in einem wahren Blutbad getötet wurden. Auf dem Schlachtberg gibt das 1989 eröffnete «Panorama» mit seinem 123 Meter langen und vierzehneinhalb Meter hohen Rundgemälde ein Bild dieser Zeit. Im Zentrum der Stadt steht das Haus, in dem der Bauernführer und Prediger Thomas Müntzer schließlich gefangengenommen wurde.

Unterkirche, Schloß und «Hausmannsturm» bieten viel Sehenswertes. Besuchermagnet ist freilich die Ruine der *Reichsburg Kyffhausen* auf dem neunzehn Kilometer langen und sieben Kilometer breiten Kyffhäusergebirge. Mit dem 1890 bis 1896 errichteten Kyffhäuser-Denkmal wurde der Gebirgszug zu einer wahren Pilgerstätte.

Der alte Kaiser Barbarossa, so will es die Sage, sitzt im Kyffhäuser schlafend am steinernen Tisch und wartet auf seine und des Reiches Wiederkehr: «Sein Bart ist nicht von Flachse/ Er ist von Feuersglut/ Ist durch den Tisch gewachsen/ Worauf sein Kinn ausruht». Friedrich Rückert (1788–1866) in seinem Barbarossa-Gedicht.

Bad Köstritz ⑥. Die alte Heerstraße Gera–Eisenberg–Jena führt an Bad Köstritz, das am Westufer der Weißen Elster liegt, vorbei. Als Solbadeanstalt macht es sich seit 1864 einen Namen. Davor hatten schon die Brauer (1543 erstmals Köstritzer Schwarzbier, das noch heute gebraut wird) und die Tatsache, daß im «Haus zum Kranich» 1585 der Komponist und Musiker Heinrich Schütz geboren wurde, den Ort bekannt gemacht.

Bad Langensalza ⑦. Ein alter Spruch sagt: «In Langensalz ka mer gepfiff und getanz/ Un de Zedder gespäl/ us an Fanster rus geguck/ Un den Lieden uff den Kopf gespuck.» Welten liegen zwischen diesem alten Langensalza und jenem, das seit 1811 über eine zum Kuren vorzügliche Schwefelquelle verfügt und 1956 «Bad» wurde.

Bad Langensalza, im Westen des Thüringer Beckens zu finden, kann noch auf einen fast vollständig erhaltenen Mauerring mit Wehrtürmen verweisen. Das 1749/50 entstandene *Friederikenschlößchen* gab auch einem hier abgefüllten Sekt den Namen.

In der Stadt lebte zwischen 1748 und 1750 der gefeierte Dichter Friedrich Gottlieb Klopstock als Hauslehrer, zu dessen Ehren im *Heimatmuseum* eine ständige Ausstellung eingerichtet wurde.

Bad Liebenstein ⑧. Aus zwei Gemeinden im Grumbachtal am Südwestrand des Thüringer Waldes entstand 1801 Bad Liebenstein, das älteste Kurbad Thüringens.

Attraktionen der Stadt (seit 1959) sind die Ruine von *Burg Liebenstein*, die Pfarrkirche von 1806, das ehemalige Fürstenhaus, der Brunnentempel von 1816 und die in einem wunderschönen Fachwerkbau untergebrachte Post.

Zu Fuß in kurzer Zeit erreichbar ist das vor hundert Jahren entstandene *Schloß Altenstein* mit seinem großen Park etwa zwei Kilometer nördlich von Bad Liebenstein. Das 1982 abgebrannte Schloß befindet sich im Wiederaufbau. Im gleichfalls nahegelegenen «Luthergrund» (Denkmal) fand der fingierte Überfall auf den vom Wormser Reichstag zurückkehrenden Martin Luther statt, den man für vogelfrei erklärt hatte. Als «Junker Jörg» wurde er unter dem Schutz des sächsischen Kurfürsten auf die Wartburg und somit in Sicherheit gebracht.

Bürgel ⑨. Die nordöstlich von Jena liegende Stadt (nach 1150) ist über die lokalen Grenzen hinaus durch ihr Töpfergewerbe bekanntgeworden, das hier seit dem Ende des 19. Jahrhunderts einen beachtlichen Aufschwung genommen hat. Das auf tiefem Blau mit weißen Punkten übersäte Geschirr gehörte über lange Zeit zu den begehrten Raritäten auf deutschen Töpfermärkten. Ein *Keramisches Museum*

Links: Die Liebfrauenkirche in Arnstadt lugt links hinter dem alten Waidhaus hervor. Romanische und gotische Stilelemente finden sich gleichermaßen in ihrer Gestaltung. Sehenswert im Innern sind der spätgotische Schnitzaltar und die Begräbnisstätte der Grafen von Schwarzburg.

Rechts: Die Fassade des 1581 bis 1583 erbauten Rathauses in Arnstadt verrät niederländische Einflüsse.

Arnstadt. In der mittelalterlichen Handelsstadt lebten mehrere Generationen der Musikerfamilie Bach: 25 von ihnen fanden auf dem hiesigen Friedhof ihre letzte Ruhestätte.

HÖLZERNES REITERLEIN, «TÄUFLING» UND «THÜRINGCHEN»

Eine Quelle des Kinderglücks.

Spötter nennen jene Bewohner des Thüringer Waldes, die seit Generationen von der Spielzeugherstellung leben, «Löffelschnitzer». Gewiß waren unter den geschnitzten Holzwaren, die seit dem 17. Jahrhundert im Thüringer Wald entstanden, auch praktische Alltagsdinge wie Löffel, Quirl oder Fleischklopfer. Berühmtheit aber erlangte dieser Erwerbszweig im Thüringer Wald als Wiege von Spielzeug aus Holz und, ab Mitte des 19. Jahrhunderts, als «Puppenstube» Deutschlands und vieler anderer Länder. Mit dem hölzernen Reiterlein, bis in die Gegenwart ein Wahrzeichen der Spielzeugstadt Sonneberg, hatte es begonnen. Wichtig für die Geschichte der Puppenherstellung war das aus Papierabfällen, Schwarzmehl, Schlemmkreide und Leimwasser gemischte Papiermaché, das der Spielzeugarbeiter Friedrich Müller 1806 entwickelte. Zusammen mit der Erfindung des Gipses verfügte man nunmehr über wesentlich besser zu verarbeitendes und auszunutzendes Rohmaterial. Puppen, wie wir sie kennen, entstanden im thüringischen Sonneberg erstmals in der zweiten Hälfte des 19. Jahrhunderts. 1851 beteiligte sich die Spielzeugbranche der Region an der Weltausstellung in London mit dem im Sonneberger Spielzeugmuseum zu sehenden hölzernen Schaustück «Gulliver in Liliput». Von dort brachten die Aussteller eine chinesische Puppe mit, die bekleidet und, wichtiger noch, beweglich war. Ihr Aussehen war das eines Erwachsenen. Die bald darauf «geborene» bewegliche Sonneberger Puppe war dem Bild eines ein- bis zweijährigen Kinds nachempfunden. Als «Täufling» eröffnete diese den weltweiten Siegeszug von Puppen, die im Thüringer Wald bis heute produziert werden. Von Generation zu Generation wurden die Modelle immer beweglicher, künstlerisch ausdrucksvoller und naturgetreuer gearbeitet. 1878 versah man sie erstmals mit einem Porzellankopf, 1905 mit einem Kopf, der gestanzt wurde. Um das Jahr 1907 erlebte die Produktion ihren absoluten Höhepunkt. Man erzielte in der Region 40 Prozent des deutschen und 20 Prozent des Weltumsatzes mit Spielzeug. In 3800 Betrieben waren 8000 Menschen damit beschäftigt, die auch «Docken» genannten Puppen zu fertigen. Eine mühsame, schlecht bezahlte Arbeit. Oft mußten auch die Kinder mitarbeiten. Der Schriftsteller Martin Andersen Nexö hat das miterlebt: «Hier, wo soviel Kinderglück seine Quelle hat, ist es ein Fluch, Kind zu sein. Damit woanders Kinder mit Puppen spielen, schuften hier Kinder vom Aufstehen bis zum Zubettgehen wie die Sklaven. So schlimm ist die Welt immer noch!» Das notierte er 1911 während eines längeren Aufenthalts im Thüringer Wald. Das 1901 gegründete Deutsche Spielzeugmuseum Sonneberg ist Deutschlands ältestes Spezialmuseum für Spielzeug. Zu den Kostbarkeiten der Sammlung zählen eine kleine Kollektion von Spielzeug aus der griechisch-römischen Antike, eine umfangreiche Sammlung von Puppen des 19. Jahrhunderts und Spielzeug aus Japan. Eine nachgestaltete Puppenmacherwerkstatt gibt Einblick in die frühen Produktionsweisen. Geht es nach den Vorstellungen ihrer Schöpfer, werden zwei neue Spielzeugmaskottchen die Sammlung ergänzen – ein Rennsteigwanderer und ein kleines grünes Plüschherz namens «Thüringchen».

Heinz Stade

Links: Im Spielzeugmuseum Sonneberg.

Oben und unten: Die Puppenfabrikation in Sonneberg war lange Frauen- und Kinderarbeit.

Heute blühen Handel und Handwerk wieder auf der Krämerbrücke in Erfurt. In kleinen Geschäften wird Kunsthandwerkliches feilgeboten.

im Badertor, der einstigen Stadtbefestigung, läßt diese Zeit noch einmal am Besucher vorüberziehen.

Im benachbarten *Thalbürgel* beeindruckt vor allem die Klosterkirche des ehemaligen Benediktiner-Klosters, das 1133 gegründet wurde. Die spätromanische Pfeilerbasilika ist der einzige noch als Gotteshaus genutzte Großbau der Benediktiner in Thüringen. Übers Jahr finden hier bedeutende Konzerte statt.

Creuzburg ⑩. Ein alter Flußübergangsort von Hessen ins Thüringer Becken war Creuzburg am Nordufer der Werra. Innerhalb der teilweise erhaltenen Stadtmauer lenken das im Kern romanische *Schloß*, *Nicolaikirche*, *Gottesackerkirche* und *Liboriuskapelle* (mit kostbaren Fresken aus dem Mittelalter) die Aufmerksamkeit auf sich.

Dornburg ⑪. Auf schroff abfallenden Felsen über dem mittleren Saaletal, nördlich von Jena, thront seit dem 10. Jahrhundert Dornburg. Obwohl hier manche deutsche Königsurkunde ausgestellt wurde, wäre die Fahrt hierher kaum der Rede wert, stünden hier nicht jene drei Schlösser, die wahre Kleinode unter den Saaleschlössern sind. 90 Meter erheben sie sich über die Saale. Das populärste ist das zweistöckige *südliche Schloß* aus der Mitte des 16. Jahrhunderts. Zwischen 1776 und 1828 weilte hier Goethe mehrere Male, um zu arbeiten oder sich zu erholen. Die Aussicht von der Schloßterrasse begeistert noch heute. Goethe beschrieb seine Empfindungen 1828 in einem Brief folgendermaßen: «Von diesen Höhen sehe ich in einem anmutigen Tal so vieles, was, dem Bedürfnis der Menschen entsprechend, weit und breit in allen Landen sich wiederholt [...] Alles deutet auf eine folgerechte, klüglich vermehrte Kultur [...]»

Dornheim ③. Das wenige Autominuten von Arnstadt entfernte Dorf ist interessant, weil hier am 17. Oktober 1707 «Joh. S. Bach, ein lediger Gesell u. Organist [...] mit der tugendsamen Jgfr. Maria Barbara Bachin [...] allhier in unserem Gotteshause, auf Gnädiger Herrschaft Vergünstigung [...] (ist) copuliret worden». An der Außentreppe der aus dem 12. Jahrhundert stammenden, sorgfältig restaurierten Kirche befindet sich eine *Bach-Gedenkstele.*

Drei Gleichen ⑫. Schon von der A 4, zwischen den Abfahrten Gotha und Arnstadt, grüßen sie den nach Thüringen Kommenden, die Drei Gleichen. Dieses reizvolle Burgen-Ensemble vor den Toren Erfurts mit seiner interessanten Historie vereint die *Mühlburg*, die *Burg Gleichen* (auch Wanderslebener Gleiche genannt) und die Veste *Wachsenburg* mit ihrem 97 Meter tiefen Brunnen.

Während die Wachsenburg seit Jahrzehnten ein vielgebuchtes Hotel mit Gaststätte ist, locken die beiden Ruinen eher die Romantiker unter den Thüringen-Besuchern.

Die Mühlburg hat ein anderer literarisch berühmt gemacht: der seinerzeit beliebte Autor und Kulturhistoriker Gustav Freytag (1816–1895) mit seinem «Nest der Zaunkönige». Von der Burg Gleichen ist vor allem die Sage berühmt, wonach der aus einem Krieg heimkehrende, bereits verheiratete Graf von Gleichen von einem Kreuzzug eine fremde Frau mitgebracht haben und hernach das Kunststück fertiggebracht haben soll, mit dieser und seiner ersten Frau in Freuden und Glück zu leben. Die Gaststätte am Fuß der Burg bekräftigt diese Vorstellung mit ihrem Namen: «Freudental».

Eichsfeld ⑬. Zwischen Harz und Thüringer Becken liegt – gewissermaßen etwas abseits von Thüringen – jene Kulturlandschaft, die von Touristenströmen bislang noch weitgehend verschont wurde. Die idyllische Landschaft steigt bis 500 Meter über den Meeresspiegel an und offenbart neben Höhen mit herrlicher Aussicht nahezu unberührte einsame Täler. Ein nicht unwesentlicher Grund für die Abgeschiedenheit liegt darin, daß durch das Eichsfeld die deutsch-deutsche Grenze verlief.

Das Luther-Haus in Eisenach (Bildmitte), einer der schönsten Fachwerkbauten der Stadt, gehörte einst der Patrizierfamilie Cotta. Heute ist das Cottasche Haus, in dem Martin Luther während seiner Studienzeit gewohnt haben soll, Museum für Bibeldrucke und geistliche Bücher aus der Zeit Luthers (siehe auch Seite 46).

Unter anderem kann in den Staatlichen Museen Heidecksburg das aus dem Fürstlichen Naturalienkabinett hervorgegangene Naturkundemuseum besichtigt werden.

Erfurt an der Gera war eine der wichtigsten und größten Städte Deutschlands im Mittelalter. Von den 80 Kirchen und 36 Klöstern, die Erfurt im Mittelalter besaß, existieren noch zahlreiche.

Bereits 897 wird das Eichsfeld urkundlich genannt. Die wirtschaftliche Entwicklung war bescheiden. Aus dem im 19. Jahrhundert sogenannten «Armenhaus Preußens» wanderten die Menschen Arbeit suchend in alle Welt aus. Auf einer Durchreise notierte der Magdeburger Schriftsteller Karl Immermann 1831: «Eine verlassenere Gegend als das Eichsfeld gibt es doch nicht [...] nirgends ein Bezug auf eine Stätte menschlicher Tätigkeit.» Erst mit der durchgreifenden Industrialisierung Mitte unseres Jahrhunderts änderte sich das. Dennoch hat das Eichsfeld noch nichts von seinem ursprünglichen Charme verloren. Die größeren Städte Worbis und Heiligenstadt, aber auch Orte wie Wachstedt, Döringsdorf, Bornhagen, Greifenstein, Niederorschel, Geismar bieten in dieser Hinsicht viel Entdeckenswertes.

Eisenach ⑭. Die an der Nordwestecke des Thüringer Waldes, am Zusammenfluß von Nesse und Hörsel entstandene Stadt verzeichnet ihre Anfänge um 1100.

Hauptanziehungspunkt in der von Laubwäldern gekrönten Berglandschaft um die Stadt herum ist natürlich die über 900 Jahre alte *Wartburg*, eine der bedeutendsten deutschen Burgen überhaupt. Von der Wartburg als Zentrum weltlicher Kultur des Mittelalters sind zahlreiche Impulse auf die Entwicklung der deutschen Sprache und Kultur ausgegangen. Mittelhochdeutsche Dichtung, Minnesang und Sängerwettstreit, Luthers Bibelübersetzung, das Wartburgfest der deutschen Studenten, Wagners Oper «Tannhäuser» und die Freskenmalerei Moritz von Schwinds verleihen ihr den Rang eines nationalen Denkmals.

Die Minnesänge von Walther von der Vogelweide und Wolfram von Eschenbach, Martin Luther, der in Eisenach zur Schule ging und als «Junker Jörg» während seiner Schutzhaft auf der Wartburg das Neue Testament übersetzte, Johann Sebastian Bach, der hier geboren wurde, Richard Wagner, der mehrmals in Eisenach und auf der Wartburg weilte, sowie der populäre, aus Norddeutschland stammende Schriftsteller Fritz Reuter (1874 hier gestorben) sind unter den vielen die bedeutendsten, die mit der Burg und der Stadt eng verknüpft sind.

In Erfurt hat sich auch heute noch an vielen Ecken die Atmosphäre der reichen mittelalterlichen Stadt erhalten. Besonders die Krämerbrücke, ein mit Häusern überbauter Brückensteg, der bereits im 12. Jahrhundert urkundlich erwähnt wird, ist nördlich der Alpen einzigartig. Von den ursprünglich 62 Häusern auf der Krämerbrücke existieren noch 32 Bauten, in denen zumeist Läden für Kunsthandwerk, Antiquitäten und Souvenirs untergebracht sind.

Sehenswürdigkeiten, Museen und Memorialstätten der auch «Weimar des Mittelalters» genannten Stadt laden den Besucher zu erlebnisreichen Geschichtsstunden ein. So der Marktplatz mit Renaissance-Rathaus (schiefer Turm), die *Georgenkirche*, *Kreuzkirche*, *Predigerkirche* und *Nikolaikirche*. Im *Luther-Haus*, im *Bach-Haus* (mit Denkmal davor) und in der *Reuter-Villa* mit ihrer Richard-Wagner-Sammlung werden die namensgebenden Persönlichkeiten auf vielfältige Weise lebendig. Schöne und seltene Stücke bewahrt das *Thüringer Museum* im barocken *Schloß* auf. Von der bald 100jährigen Tradition des Kraftfahrzeugbaus in Eisenach erfährt man mehr im «Wartburg»-*Automobilmuseum*.

Wer abseits vom Stadttrubel Ruhe und Entspannung sucht, dem sind das nahegelegene *Schloß Wilhelmsthal* und die *Drachenschlucht* bei Eisenach empfohlen. Unweit von Eisenach beginnt auch der *Rennsteig*.

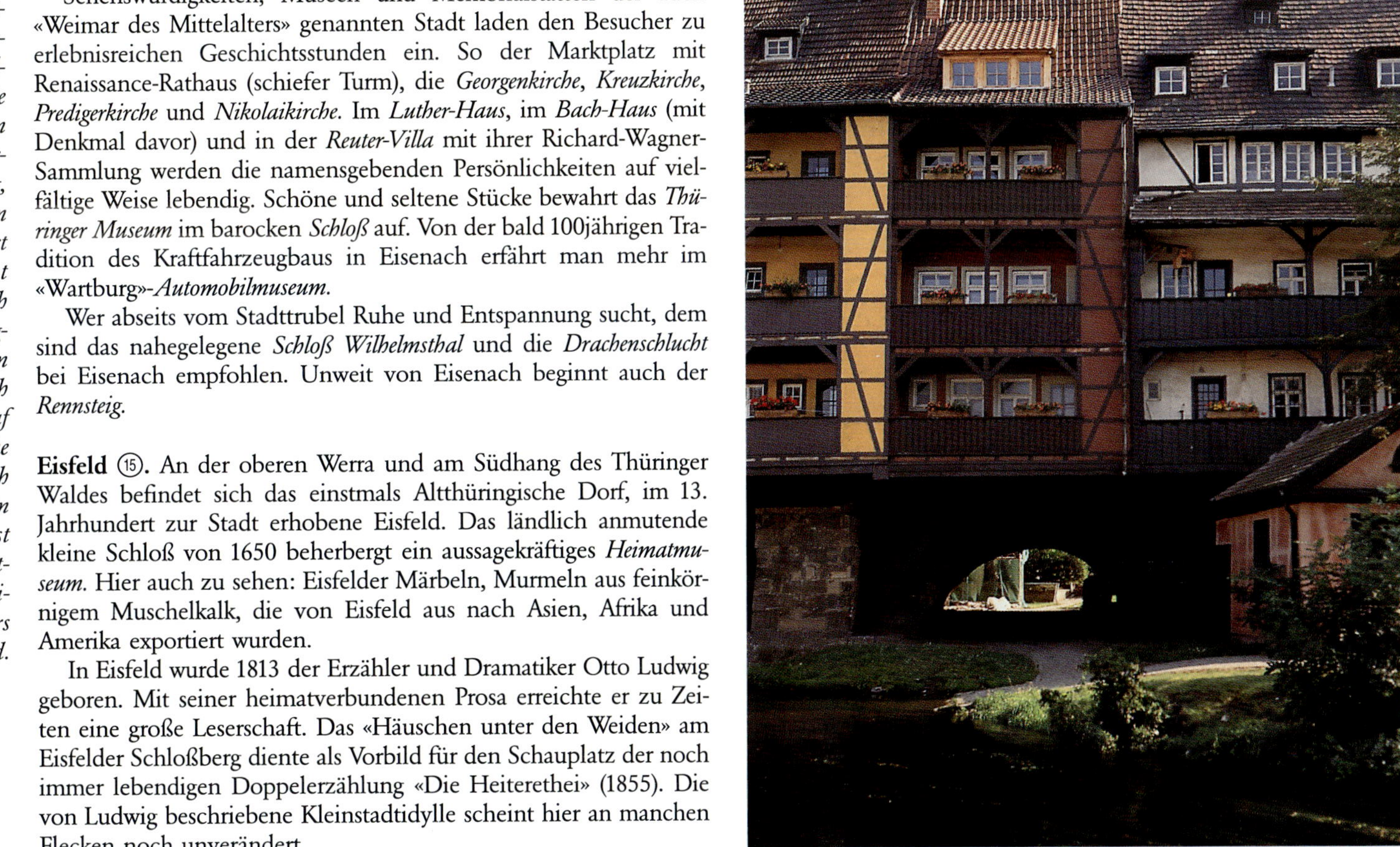

Eisfeld ⑮. An der oberen Werra und am Südhang des Thüringer Waldes befindet sich das einstmals Altthüringische Dorf, im 13. Jahrhundert zur Stadt erhobene Eisfeld. Das ländlich anmutende kleine Schloß von 1650 beherbergt ein aussagekräftiges *Heimatmuseum*. Hier auch zu sehen: Eisfelder Märbeln, Murmeln aus feinkörnigem Muschelkalk, die von Eisfeld aus nach Asien, Afrika und Amerika exportiert wurden.

In Eisfeld wurde 1813 der Erzähler und Dramatiker Otto Ludwig geboren. Mit seiner heimatverbundenen Prosa erreichte er zu Zeiten eine große Leserschaft. Das «Häuschen unter den Weiden» am Eisfelder Schloßberg diente als Vorbild für den Schauplatz der noch immer lebendigen Doppelerzählung «Die Heiterethei» (1855). Die von Ludwig beschriebene Kleinstadtidylle scheint hier an manchen Flecken noch unverändert.

An der Krämerbrücke: Erfurt ist nicht nur eine Reise, sondern ganz gewiß auch einen ausgiebigen Stadtbummel wert: Nur selten erlebt man ein solch harmonisches Miteinander von architektonischen Denkmälern der verschiedensten Epochen.

Erfurt wurde im Zweiten Weltkrieg kaum zerstört, viele historische Gebäude in der Innenstadt blieben erhalten.

Blick auf das Ensemble von Dom und Severikirche in Erfurt: Nicht ohne Grund als «Akropolis der Gotik» bezeichnet, vermag der imposante Gebäudekomplex auf dem Domhügel noch heute beim Betrachter Bewunderung zu erwecken.

Erfurt ⑯. Die bereits 742 gegründete Stadt liegt im Zentrum des Thüringer Beckens an der Gera. Als Verkehrsknotenpunkt und kirchlicher Mittelpunkt (zeitweilig Bistumssitz) erlangte sie frühzeitig weit über Thüringen hinaus Bedeutung. Ihre Universität (1392), die 1816 geschlossen wurde, genoß vor allem im Mittelalter hohes Ansehen. Humanisten wie Rudolf Agricola, Helius Eobanus Hessus, Ulrich von Hutten wirkten hier. Martin Luther, der in Erfurt studierte und in der Universitätskirche (heute *Michaeliskirche*) predigte, hielt sehr viel von Erfurt und seinem Bildungsniveau: «Erfurt strahlt im Ruhm der Wissenschaft; von allen Städten Deutschlands trug es im Wettkampf die Siegespalme davon [...] Die Universität war etwa in solchem Ansehen und so berufen, daß alle anderen dagegen für kleine Schützenschulen angesehen wurden.» Wegen seiner vorteilhaften Lage an der «via regia», der Königstraße, aber auch wegen des für den Gartenbau günstigen Klimas gelangte Erfurt bald zu wirtschaftlicher Blüte und Wohlstand. Vor allem der Waid, ein aus gelbblühenden kleinen Pflanzen hergestelltes Blaufärbemittel, sorgte bis zur Einfuhr des billigeren Indigo für Reichtum. Mit Christian Reichart (1685–1775) verbindet sich Erfurts Ruf als Blumenstadt. Der Ratsherr und Gartenbaumeister hat auf den Anlagen im *Dreienbrunnenfeld* viel experimentiert und praktiziert, was Gartenbau, Blumen- und Samenzucht bis heute beeinflußt.

Das turmreiche Erfurt war im Mittelalter mühlenreichste Stadt Deutschlands und einer der ersten deutschen Druckorte. Absoluter Touristenmagnet ist das Ensemble von *Dom* (mit der berühmten Glocke «Gloriosa») und *Severikirche* mit dem zu Füßen liegenden Domplatz, von dessen Ausstrahlung und Faszination es in Europa nicht viele gibt. Unweit davon spannt sich die *Krämerbrücke* über die Gera. Und zwar an jener Stelle (Erphesfurt), von der manche vermuten, sie habe der Stadt ihren Namen gegeben. Das nördlich der Alpen einzigartige Bauwerk entstand 1325. Die 125 Meter lange und neunzehn Meter breite Brücke ist beidseits mit 32 Fachwerkhäusern bebaut, in und vor denen jahrhundertelang Kramwaren verkauft wurden. Auf dem angrenzenden *Fischmarkt* mit Rathaus und dem berühmten Handelshaus zum «Breiten Herd», auf dem *Wenigemarkt* und noch mehr auf dem *Anger*, dem geschäftigen Mittelpunkt der Blumenstadt, «sprechen die Steine».

Wertvolle Sammlungen sind u. a. im Angermuseum und im *Museum für Thüringer Volkskunde* zu betrachten. Auf dem gut hundert Hektar großen Gelände der *Cyriaksburg* (Gartenbaumuseum) zeugt die Erfurter Gartenbauausstellung (ega) von Erfurts blühender Tradition und Gegenwart. Im teilweise noch existierenden Gebäude der ehemaligen Universität wird die «Amploniana», eine bedeutende mittelalterliche Handschriftensammlung, aufbewahrt. Die mit über 205 000 Einwohnern größte Stadt Thüringens bildet auf einzigartige Weise geschichtlich, ökonomisch und auch politisch das Herzstück Thüringens.

Finsterbergen ⑰. Der am Nordostrand des Thüringer Waldes gelegene Erholungsort ist gesäumt von ausgedehnten Bergwäldern, die bis zum *Rennsteig* führen. Seit hier 1888 der erste Feriengast begrüßt werden konnte, entwickelte sich ein bis heute florierender Fremdenverkehr. Noch älter allerdings ist die Pflege der Musik in dem Ort. Dazu wurden schon vor 180 Jahren die heute seltenen Waldzithern angefertigt. Da man nicht nur während der jeden Sommer stattfindenden «Holzhauer- und Fuhrmannsfeste» musiziert, wurde Mitte der 50er Jahre dieses Jahrhunderts ein ungewöhnlicher Ehrenstein errichtet. Seine Inschrift lautet: «Es lebe Frau Musika – den Alten zur Ehr, der Jugend zur Lehr.»

Friedrichroda ⑰. In einer Talmulde südwestlich von Gotha siedelten sich die ersten Friedrichrodaer an. Die vormalige Rodungssiedlung erwarb 1597 Stadtrecht und ist wegen der klimatisch günstigen Lage heute vielbesuchter Kur- und Erholungsort. Mit dem Verleger

Die prächtige Westfassade des Rathauses auf dem Hauptmarkt in Gotha.

Friedrich Christoph Perthes aus Gotha kam übrigens 1837 der erste Kurgast ins überaus waldreiche Friedrichroda.

Nach Friedrichroda führt von Gotha aus seit über 60 Jahren die *Thüringerwaldbahn.* Mit dieser Überland-Straßenbahn fährt man gemütlich die 22 Kilometer lange Strecke und kann überdies die landschaftlichen Schönheiten der Gegend bewundern. Nahe dem Ort wurde 1784 beim Abbau von Gips eine Grotte entdeckt, die seit 1968 als «Marienglashöhle» Besucher anlockt.

Um 1850 entstand der Landschaftspark mit *Schloß Reinhardsbrunn* (jetzt Hotel), wohin es zu jeder Jahreszeit Ausflügler in großer Zahl zieht. *Tanzbuche*, *Heuberghaus* und *Spießberghaus* – wo mehrfach der Dichter Martin Andersen Nexö («Pelle, der Eroberer») weilte – sind Ziele von Spaziergängen in die nähere Umgebung, wo man fernab vom Getriebe in riesigen Wäldern «die Seele baumeln» lassen kann.

Gera ⑱. Nicht an der Gera, sondern im Tal der mittleren weißen Elster, im thüringischen Osterland, liegt diese Stadt mit ihren 120 000 Einwohnern. Traditionell gepflegt wurden hier Musik und Theater. Im ausgehenden 18. Jahrhundert genoß die Stadt musikalisch gar den Ruf eines «Klein-Leipzig». Immerhin wirkten in Gera Johann Friedrich Fasch, Heinrich Schütz und Gottfried Heinrich Stölzel. Johann Sebastian Bach weilte in der Stadt anläßlich einer Orgelabnahme. In der im 18. Jahrhundert gebauten *Salvatorkirche* wurden Werke von Schütz uraufgeführt. Im Zentrum der mehr als 750jährigen Stadt steht das prachtvolle, um 1902 entstandene Theater. Der Maler und Grafiker Otto Dix ist ein berühmter Sohn Geras (*Otto-Dix-Memorialmuseum*).

Der Geraer Markt gilt als einer der schönsten in Thüringen. Hervorhebenswert sind das dreigeschossige Rathaus (1753–1776) mit seinem dekorativen Hauptportal sowie die 1606 erbaute *Stadtapotheke*, die man leicht an ihrem runden, reichgeschmückten Renaissance-Erker erkennen kann. Der 300 Jahre alte *Simsonbrunnen* rundet das Markt-Ensemble ab.

Gotha ⑲. Im hügeligen Vorland des westlichen Thüringer Waldes empfängt die einstige, berühmte Residenz Gotha ihre Gäste. Jenes Gotha, von dem der vor 200 Jahren hier tätige Gymnasiallehrer, Herzoglich-Sächsische Hofrat und Professor Johann Georg August Galletti meinte: «Gotha ist nicht nur die schönste Stadt in ganz Italien, sondern hat auch viele Gelehrte gestiftet.» Von dem ansonsten ernstzunehmenden Professor stammen hunderte solcher Versprecher. In einem heute zu den Raritäten des Büchermarktes zählenden Bändchen mit dem Titel «Gallettiana» wurden diese vergnüglichen Äußerungen festgehalten.

Wenn auch Gotha nicht alle «Gelehrte gestiftet» hat, so hinterließen doch viele berühmte Persönlichkeiten ihre Spuren: «Tierleben»-Autor Alfred Brehm, der zur Reisegesellschaft von Herzog Ernst II. von Sachsen-Coburg gehörte; Johann Ludwig Böhner (1787–1860), ein Komponist und Musiker, den Zeitgenossen als «Mozart Thüringens» priesen; Conrad Ekhof (1720–1778), schon zu Lebzeiten als «Vater der deutschen Schauspielkunst» anerkannt; der Romanschriftsteller Gustav Freytag (1816–1895); Kurd Laßwitz, den die Literaturgeschichte den ersten deutschsprachigen utopischen Schriftsteller nennt; Joseph Meyer (1796–1856), Lexikograph und Verleger, aus dessen in Gotha gegründeten Bibliographischen Institut das bis heute ungebrochene Popularität genießende «Große Conversationslexikon» stammt; der Schulpädagoge Andreas Reyher (1601–1673), dessen «Gothaer Schulmodus» für das Erziehungswesen im damaligen Deutschland von richtungsweisender Bedeutung war; schließlich ging aus der 1785 von Johann Georg Perthes gegründeten Buchhandlung jener berühmte kartographische Verlag hervor, bei dem sich Weltreisende des 19. Jahrhunderts Rat holten und dessen Erfolg bis in unsere Zeit anhält.

Der 57 Meter hohe Treppenturm macht das dreigeschossige Renaissance-Rathaus auf dem Markt von Gera zum beherrschenden Gebäude. Sehenswert ist das reich verzierte Portal (siehe Abbildung auf Seite 44/45).

Das Innere der barocken Salvatorkirche in Gera wurde nach Entwürfen von Adolph Marsch 1903 in typischen Jugendstilformen umgestaltet.

Es sind noch viele, die in der Stadt Segensreiches fürs Gemeinwohl vollbrachten. Wichtige Voraussetzungen dafür schuf nicht zuletzt Herzog Ernst, genannt «der Fromme», im 17. Jahrhundert. Erlasse, Dekrete und neugeschaffene Einrichtungen verrieten eine moderne, zukunftsorientierte Regierungsarbeit. So hieß es nicht ohne Ursache lange Zeit, daß im Herzogtum Gotha selbst die dümmsten Bauern schlauer seien als andernorts die gescheiten Leute.

Mit dem Herzog im Zusammenhang steht auch der Bau von *Schloß Friedenstein.* Die Dreiflügelanlage beherbergt heute mehrere Sammlungen (zum Teil aus herzöglichen Beständen), das Ekhof-Theater und eine wertvolle Bibliothek.

Mittelpunkt des Marktplatzes ist das 1567 bis 1577 zunächst als Kaufhaus erbaute Rathaus mit seinem reichverzierten Portal. Mit dem Bau der *Margarethenkirche* am Neumarkt wurde 1494 begonnen, die Augustinerkirche am Klosterplatz stammt aus dem Jahre 1216. Zahlreiche schöne Amts- und Bürgerhäuser, aber auch die *Orangerie*, das *Museum für Naturkunde* und das Sommerschlößchen *Friedrichsthal* sind einen Besuch wert.

Greiz ⑳. Die 28 000 Einwohner zählende Stadt, die bis 1918 Residenz des Fürstenhauses Reuß war, nennt man gelegentlich auch «Perle des Vogtlandes». Das verdankt sie ihrer ausgesprochen schönen Lage am Nordrand des Vogtlandes. Die Stadt ist bekannt für ihre Textilindustrie. War die Residenz selbst für Thüringer Verhältnisse auch ausgesprochen klein, so verfügte sie dennoch über zwei Schlösser. Im *Unteren Schloß* findet man jetzt das Heimatmuseum. Hauptwache, *Sommerpalais* (mit Kupferstichsammlung) und Stadtkirche geben Kunde davon, daß es hier doch nicht so «harmlos und unbefangen» dörflich zuging, wie 1848 in der periodisch erscheinenden Schrift «Thuringia» behauptet. Mit einer in jüngster Zeit angelegten nationalen Karikaturensammlung macht sich Greiz auf den Weg, als Stadt des Humors Anerkennung zu finden: Das «Satiricum» zeigt zeitgenössische Cartoons und ergänzt die reichhaltige Kollektion historischer Illustrationen aus dem 18. und 19. Jahrhundert, die sich im Sommerpalais befinden, bis in die Neuzeit.

Großkochberg ㉑. Das erstmals vor 600 Jahren erwähnte Dorf zwischen Rudolstadt und Weimar ist bekannt durch sein aus einer Wasserburg hervorgegangenes Schloß, das sich von 1733 an über 200 Jahre lang im Besitz derer von Stein befunden hat. Im Schloß und dem dazugehörigen sechs Hektar großen Landschaftspark mit dem Liebhabertheater wird das Andenken an Goethe bewahrt. Sooft sich der Dichter von den Verpflichtungen am Weimarer Hof freimachen konnte, eilte er – mal zu Fuß, mal zu Pferde – «zum Schloß hinter den Bergen». Dies, um die sieben Jahre ältere Charlotte von Stein zu treffen, mit welcher ihn eine lange, tiefe Zuneigung verband. Das Datum seines ersten Aufenthaltes im Schloß ritzte Goethe in die Platte des Schreibtisches der Schloßherrin: «6. Dec. 75». Neben anderen Gegenständen aus der Zeit ist auch dieser Schreibtisch zu besichtigen. Im Liebhabertheater finden noch heute Vorstellungen statt.

Heiligenstadt ㉒. Im oberen Eichsfeld, am Dün und an der Leine, liegt Heiligenstadt mit seinen rund 17 000 Einwohnern. Der aus einer frühmittelalterlichen Siedlung hervorgegangene Ort wurde 1950 Kneipkurbad. Von teils noch gut erhaltenen Stadtmauern umgebene Fachwerkbauten und Kirchen lohnen den Aufenthalt ebenso wie das barocke Schloß und das in seinem Kern gotische Rathaus. Im ehemaligen *Jesuitenkolleg* hat das Heimatmuseum seinen Platz gefunden. Aus dessen Exponaten ragt die Streckersche Vogelsammlung heraus. Heiligenstadt ist Geburtsort des um 1460 zur Welt gekommenen Bildschnitzers Tilman Riemenschneider. Am 28. Mai 1826 vollzog Heinrich Heine hier seinen Übertritt vom jüdischen Glauben zum Protestantismus. 30 Jahre später kam der

Vom Kunstsinn und vom Repräsentationsbewußtsein der Gothaer Herzöge kann sich überzeugen, wer Schloß Friedenstein in Gotha besucht. Die Formensprache des Interieurs reicht von Barock über Rokoko bis hin zu klassizistischen Stilelementen.

Schriftsteller Theodor Storm als Kreisrichter nach Heiligenstadt. «Hilf Himmel, welch eine Stadt! Lehmhütten und Baracken, Häuser, wie sie bei uns nicht für Geld aufzuweisen wären. Man begreift nicht, daß darin die lustigen Heiligenstädter [...] existieren können», schrieb der gebürtige Husumer nach seiner Ankunft an seine Frau. An Storm erinnert neben einem Denkmal auch ein Literaturmuseum im Zentrum der kleinen Stadt.

Hohenfelden ㉓. Mitten in der Vorgebirgslandschaft des Thüringer Waldes, am Rande des Landschaftsschutzgebietes «Mittleres Ilmtal», befindet sich seit 1967 der fast 40 Hektar große Stausee Hohenfelden. Im Verlauf von zweieinhalb Jahrzehnten entwickelte sich daraus ein gut besuchtes Naherholungsgebiet. Strandbäder, Liegewiesen, Kinderspiel- und Sportplätze und ein großer Campingplatz locken die Sommerfrischler. Im benachbarten Dorf, das dem See den Namen gab, sind im *Thüringer Freilichtmuseum* typische Thüringer Häuser, Stallungen usw. zu besichtigen.

Nicht weit entfernt von Hohenfelden grüßt der 518 Meter hohe *Riechheimer Berg*, wegen seiner herrlichen Rundumsicht ins Land auch «Thüringer Rigi» genannt. Auf dem Gipfel des wegen seiner Fauna und Flora geschützten Berges befindet sich eine Gaststätte, die einst als echtes Thüringer Bauernhaus auf einer Erfurter Ausstellung zu sehen war und danach fast originalgetreu auf den Berg «wanderte». Entsprechendes Wetter vorausgesetzt, erblickt man vom «Riechheimer», wie die Einheimischen ihr Ausflugsziel kurz und bündig nennen, Großkochberg und die Eisenacher Hörselberge, Inselsberg und Kickelhahn, Schneekopf, Drei Gleichen und eventuell auch ein wenig vom Harz.

Ilmenau ㉔. Wo die Ilm aus dem Nordrand des Thüringer Waldes fließt, breitet sich, umgeben von herrlich bewaldeten Bergen, die einstige Bergarbeiterstadt Ilmenau aus. Glashütten und Porzellanfabriken lösten später diesen Wirtschaftszweig ab. Mit der 1838 erfolgten Gründung einer Kaltwasserheilanstalt begann der regelmäßige, bis in die Gegenwart anhaltende Kurbetrieb.

Weltberühmtheit erlangte Ilmenau durch das Goethe-Häuschen auf dem 861 Meter hohen *Kickelhahn.* Dort schrieb Goethe 1780 sein vielzitiertes «Wanderers Nachtlied» mit den berühmten Anfangsworten «Über allen Gipfeln ist Ruh». Daß diese Stimmung nicht dem Weimarer Geheimrat und seiner Zeit allein vorbehalten war, kann man auch in unserer heutigen lauten Zeit bei einem Besuch auf dem Kickelhahn nachempfinden.

Das Amtshaus am Markt mit *Goethe-Gedenkstätte* und Heimatmuseum, das Eingangsportal des Rathauses, das Bergamt im ältesten Haus der Stadt (erbaut 1691), die Alte Oberförsterei und das eine Wanderstunde von Ilmenau entfernte *Jagdhaus Gabelbach* mit seiner ständigen Ausstellung der Nationalen Forschungs- und Gedenkstätten der klassischen deutschen Literatur sind allesamt den Besuch wert.

Inselsberg ㉕. Wer Thüringen aus der Vogelperspektive betrachten will, dem sei der zwar mühevolle, aber lohnende Aufstieg zum 916 Meter hohen Großen Inselsberg bei *Tabarz* unbedingt empfohlen. Auf dem Gipfel, wo meist ein rauhes Lüftchen weht, geben Sendemasten, Wetterstation und Rasthäuser dem Berg das schon von weitem unverwechselbare Profil. Daß hier oben Thüringer Gastlichkeit keine Erfindung der touristischen Neuzeit ist, läßt sich bei dem Dichter Joseph Victor von Scheffel (1826–1886) nachlesen, der bei seiner Wanderung mit «Ränzl und Stab» auch in einem der Inselsberg-Gasthäuser weilte: «Dort war vollständige Thüringer Waldpoesie, vieles Singen der Weibsleute [...] große Kneiperei bis um Mitternacht, viel echtes Volkslied [...]»

Wem danach nicht zumute, dem sei der Blick ins Land vom zwar nicht größten, wohl aber bekanntesten und beliebtesten der Thü-

Der kleine Erholungsort Lauscha im Thüringer Schiefergebirge wurde vor allem durch die hier ansässigen Glasbläser bekannt. Besonderes Aufsehen erregte im 19. Jahrhundert Ludwig Müller-Uri, als es ihm gelang, aus Glas künstliche Tier- und Menschenaugen herzustellen.

ringer Berge empfohlen. Der Ausblick ist einzigartig, und die Sicht reicht weit: auf Gotha, Tabarz, Friedrichroda, Oberhof, die Hörselberge bei Eisenach, die Wartburg, und fern am Horizont erscheint einem Sicht-Wunder gleich der *Brocken*, die höchste Erhebung des Harzes.

Den Einheimischen ist der oft in den Wolken verschwindende Berg übrigens so etwas wie ein Wetterprophet. «Der Inselsberg trägt eine Mützen/ Da gibt's gewißlich nasse Pfützen», heißt die Erkenntnis gereimt.

Jena ㉖. In der ehemaligen Altthüringischen Weinbauern- und Fischersiedlung wohnen heute über 100 000 Menschen. Stadt wurde das von Muschelkalkbergen umgebene Jena um 1200. Berühmtheit erlangte die Saalestadt durch die 1558 gegründete Universität sowie durch die hier seit langem ansässige optische Industrie (Carl Zeiß, Ernst Abbe, Otto Schott).

«[...] und in Jene lebt sich's bene, und in Jene lebt sich's gut», heißt es im Refrain eines alten Studentenliedes. Berühmte Gäste der Stadt wie auch die hier lehrenden Professoren und die Studenten müssen das ähnlich empfunden haben. Schließlich ist laut Goethe alles «was in Deutschland sonst Namen hat, dort gewesen und hat dort gerne verkehrt»: Melanchthon und Luther, Goethe und Schiller, die Gebrüder Humboldt, Fichte, Hegel, Marx, Reger, Liszt, Wagner ...

Neben Resten der Stadtmauer sind an alten Bauwerken in sehenswertem Zustand unter anderen das gotische Rathaus, drei Stadtkirchen und das Hauptgebäude der Universität. Im «Gasthof zur Rosen» befand sich zur Goethezeit das Zentrum des Jenaer Geisteslebens.

Im *Stadtmuseum* (mit Romantikerhaus) erfährt man Anschauliches zur Jenaer Historie. Der *Botanische Garten* mit Goethe-Gedenkstätte überrascht mit etwa 12 000 Pflanzenarten aus allen Klimazonen der Erde. Ganz in dessen Nähe lädt das älteste *Zeiss-Planetarium* der Welt zu Entdeckungen am künstlichen Sternenhimmel ein.

Lauscha ㉗. Die sich ins Thüringer Schiefergebirge «kuschelnde» Kleinstadt entstand aus einer Glashüttensiedlung des ausgehenden 16. Jahrhunderts. Dieser Produktionszweig formte Land und Leute entscheidend und tut dies bis heute. Lauscha wurde zu einem Zentrum der Herstellung von Christbaumschmuck und Glasaugen in Deutschland. Davon wird auch in dem für Deutschland einmaligen *Museum für Glaskunst* erzählt. Für Wintersportler sind die schneereichen Hänge und Täler von Lauscha ein Geheimtip.

Meiningen ㉘. Meiningen liegt im Werratal, das hier die Rhön im Westen vom östlich gelegenen Vorland des Thüringer Waldes trennt. Die einstige Residenzstadt mit Schloß, Museen, Theater und großzügigen Parkanlagen hat hinter ihren nur noch in Resten vorhandenen Stadtmauern noch immer viel von dem, was sich in der Vorstellung gemeinhin mit höfischem Flair verbindet.

Den Namen der Stadt haben in aller Welt die «Meininger», die Schauspiel-Truppe des ansässigen Hoftheaters, bekanntgemacht. Das Ensemble stand nicht nur unter der wohlwollenden und fördernden Regentschaft von Georg II., der auch als «Theaterherzog» in die Geschichte einging, sondern auch unter seiner direkten Leitung. Es gastierte zwischen 1874 und 1890 in 36 deutschen und europäischen Städten mit 41 Stücken bei 2591 Vorstellungen und war berühmt für sein vollendetes Zusammenspiel. Das barocke *Schloß Elisabethenburg* mit seinem Theatermuseum und dem Konzertsaal sowie das berühmte, 1908 nach einem Brand wiederaufgebaute Landestheater halten diese große Tradition wach.

In Meiningen entstand vor über 250 Jahren das Lied «Hoch auf dem gelben Wagen». Sein Verfasser, der Dichter Rudolf Baumbach, wohnte in dem heute nach ihm benannten Literaturmuseum. Im

Zu einem dichten grünen Dach wachsen die Kronen der alten Alleebäume zusammen: Landstraße in der Umgebung von Lauscha.

Baumbach-Haus gibt es Informationen auch über den Apotheker und Märchenerzähler Ludwig Bechstein, der von 1831 bis zu seinem Tode in Meiningen lebte. Im 1782 begonnenen *Goethe-Park* trifft man beim erholsamen Flanieren unter anderem auf Denkmäler von Jean Paul, Johannes Brahms und Max Reger. Vielbesucht ist hier auch der «Märchenbrunnen» für Ludwig Bechstein.

Molsdorf ㉙. «Ich habe viele Lustschlösser deutscher Fürsten gesehen, aber nicht eins, worin ein so verfeinerter Geschmack alles ausgeschmückt hätte als in diesem, vielleicht dem kleinsten unter allen.» Über 200 Jahre sind es her, daß der Reiseschriftsteller Leopold Goeckingk dieses Loblied auf das architektonische Kleinod sang, das – nur 20 Autominuten von Erfurt entfernt – in einem Park des Dörfchens Molsdorf liegt.

Das Schloß, zu Zeiten als «thüringisches Sanssouci» gepriesen, ist einer der reizvollsten Rokokobauten Thüringens. Es entstand im Auftrag des Diplomaten, Geschäfts- und Lebemannes Graf Adolf Gotter (1692–1762), der das aus dem 16. Jahrhundert stammende Rittergut Molsdorf gekauft hatte. Nach seinen Anweisungen hatte der Weimarer Baumeister Gottfried Heinrich Krohne 1743/44 die zum Park gelegene Seite des Schlosses würdig herzurichten und den Innenausbau vorzunehmen. «Würde am Gebäude selbst ein Baumeister nichts Besonderes finden» (Goeckingk), so strahlt das Innere den Besucher an. Alles gemäß dem gräflichen Wahlspruch «vive la joie» (es lebe die Freude), wie er im getäfelten Bankettsaal des Hauses nachzulesen ist. Im Schloß, das man besichtigen kann, existiert eine Sammlung erotischer Literatur und Zeichnungen. Im Saal finden kammermusikalische und literarische Veranstaltungen statt.

Mühlhausen ㉚. Das über 1200jährige Mühlhausen an der oberen Unstrut und am Westrand des Thüringer Beckens trägt offiziell den Beinamen «Thomas-Müntzer-Stadt». Das verweist auf die revolutionären Ereignisse während des Großen Deutschen Bauernkrieges, in deren Zentrum sich Mühlhausen befand. In der zu einer Konzerthalle umgestalteten *Marienkirche* hatte Müntzer die Predigerstelle inne. Das in verschiedenen Epochen aus Stein und Fachwerk errichtete Rathaus war im Bauernkrieg Tagungsstätte des «Ewigen Rates», der nach dem Willen der Revolutionäre an die Stelle der Adelsherrschaft treten sollte. Hierher, wie auch zur Gedenkstätte Deutscher Bauernkrieg in der *Kornmarktkirche*, sollte man gehen. Wegen seines guterhaltenen Altstadtkerns nennt man Mühlhausen auch gern «thüringisches Rothenburg». In der im 13./14. Jahrhundert erbauten *Blasiikirche* war Johann Sebastian Bach von 1707 bis 1708 als Organist angestellt.

Oberhof ㉛. Wer in die noch junge Stadt (seit 1985) auf der Höhe der alten Fernstraße von Erfurt nach Mainfranken kommt, mag zuweilen den Eindruck haben, er befinde sich in einer Großstadt und nicht in *dem* Kur- und Erholungsort Thüringens. Kaum noch etwas erinnert an die kleine Waldarbeitersiedlung, die 1841 von einem Zeitgenossen so erfaßt wurde: «Oberhof, gothaisches Kirchdorf mit 36 Häusern und 212 Einwohnern, Viehzüchtern und Waldarbeitern.»

Erst 1869 entdeckten Sommerfrischler das abseits gelegene Dorf. Mit dem Bahnanschluß im Jahr 1884 vollzog sich dann der Wandel des Ortes zum beliebten Kur- und Erholungsort, zum gastfreundlichen Wintersportparadies. Moderne Sportanlagen (Schanzen, Kunsteisbobbahn und -rodelbahn) und die ausgedehnten Wälder machen den Aufenthalt auf der vielbesungenen «Oberhofer Höh'» in jeder Jahreszeit zu einem schönen Erlebnis. Vorbei am früher einmal berühmten Oberhofer Golfplatz gelangt man übrigens zum *Rennsteig-Garten*, in dem über 1500 Pflanzenarten aus aller Welt wachsen.

Links: Trotz vieler Brände in früheren Jahrhunderten sind noch prächtige Fachwerkhäuser in Mühlhausen zu sehen.

Rechts: Im Stadtkern von Meiningen blieben viele mittelalterliche Fachwerkhäuser erhalten.

Im Schloß Elisabethenburg in Meiningen befinden sich rund 50 Ausstellungsräume mit zahlreichen Sammlungen, etwa zu naturwissenschaftlichen oder musikgeschichtlichen Themen.

Steigt man von Schloß Heidecksburg hinab, so gelangt man in den Ort Rudolstadt. Die ehemalige Residenz erlebte ihre Blütezeit als kulturelles Zentrum im 18. und zu Beginn des 19. Jahrhunderts: Goethe leitete damals zeitweise das Theater, Schopenhauer schrieb hier seine Doktorarbeit, Schiller und Wilhelm von Humboldt schwärmten von den Reizen der kleinen Beamtenstadt an der Saale.

Im Innenhof von Schloß Heidecksburg in Rudolstadt. Ursprünglich im 14. Jahrhundert als Residenz derer von Schwarzburg erbaut, wurde es nach einem Stadtbrand im 18. Jahrhundert als Barockschloß neu errichtet.

Paulinzella ㉜. Den lediglich 150 Einwohnern von Paulinzella, die meist in der Forstwirtschaft tätig sind, stehen – zumindest zwischen spätem Frühjahr und zeitigem Herbst – Zigtausende von Gästen gegenüber. In die im Tal des Rottenbachs gelegene Gemeinde zieht es sie wegen der Klosterruine, die zu den bekanntesten romanischen Baudenkmälern in den neuen Bundesländern gehört. Das ehemalige *Kloster Paulinzella* wurde 1124 eingeweiht und war über Jahrhunderte geistiges und herrschaftliches Zentrum für die etwa 150 Dörfer und Orte ringsum. In der zweiten Hälfte des 17. Jahrhunderts verfiel die Anlage zusehens. Denkmalpfleger sicherten von 1963 bis 1969 die dreischiffige Säulenbasilika. Goethe, der hier seinen 68. Geburtstag feierte, Schiller und auch Bechstein ließen sich von der in romantischer Umgebung liegenden Anlage fesseln.

Rennsteig. «Es muß freilich ein rüstiger Fußgänger sein, der den Rennsteig begehen will. Sein Herz muß Gefühl und Empfänglichkeit für die Bergnatur besitzen, die uns hier in ihrer reichsten Zauberfülle entgegenblüht, wenn er den 44 Stunden langen, einsamen Weg in fünf Tagen mit Genuß zurücklegen will.» So die Ansicht des Thüringer Weltreisenden Ziegler. Was dieser 1862 seinen Zeitgenossen mitteilte, gilt noch heute.

«Rennsteig» – das ist eine historische Wanderroute, die von Hörschel an der Werra (bei Eisenach) bis Blankenstein an der Saale führt. Exakte 168 Kilometer lang ist der im Jahre 1330 erstmals urkundlich erwähnte Weg, der damals Handelszwecken diente. Wanderhütten entlang des Wegs bieten einfache, aber ausreichende Unterkunft. Die Gaststätten am Rennsteig erweisen sich Leuten mit Rucksack gegenüber als besonders aufgeschlossen. Ob man «ihn» nun in ganzer Länge nimmt oder nur einige Kilometer auf dem fast ausnahmslos durch Wälder führenden Weg schlendert – zu jeder Zeit werden hier Naturfreunde für ihre Mühen mit tiefer Stille und weiten Blicken ins Land belohnt.

Rudolstadt ㉝. Acht Kilometer lang schlängelt sich, links und rechts der Saale, das 1326 erstmals als Stadt erwähnte Rudolstadt. Die vormalige Residenz des Fürstentums Schwarzburg-Rudolstadt präsentiert sich hie und da noch heute so, wie sie einen Schiller, Bechstein oder Wilhelm von Humboldt ins Schwärmen brachte: Die Saale, die waldreichen Berge, die in den Thüringer Wald übergehen, die malerisch-romantischen, aber auch steilen Aufgänge zum *Schloß Heidecksburg*, die Blicke von dort oben ins Saaletal …

Rudolstadt war Ort der ersten Begegnung von Goethe und Schiller (7. September 1788). Das nach Bränden neuentstandene Barockschloß Heidecksburg beherbergt in einigen seiner prächtigen Räume attraktive Kunstsammlungen sowie die Waffensammlung «Schwarzburger Zeughaus». Die Thüringer Bauernhäuser aus dem 17. Jahrhundert im Heinrich-Heine-Park, das Rathaus und die Stadtkirche sind gleichfalls lohnenswerte Anlaufpunkte.

Saalfeld ㉞. Am Nordrand des Thüringer Schiefergebirges liegt im mittleren Ilmtal die durch Friedrich Barbarossa im 12. Jahrhundert gegründete Stadt. Das Rathaus am Markt (1529 bis 1537), die um 1200 erbaute Marktapotheke, Nikolai- und Johanniskirche, die Burgruine *Hoher Schwarm*, das aus dem 16. Jahrhundert stammende *Schloß Kitzerstein* und das ehemalige Franziskanerkloster (jetzt Heimatmuseum) sind einige der Saalfelder Sehenswürdigkeiten *über* der Erde. Touristenattraktion Nummer eins aber liegt *unter* der Erde – die *Feengrotten.* Die (nicht durch künstliche Beleuchtung hervorgerufenen) wunderbar gefärbten Kalkzapfen in den Tropfsteinhöhlen wurden 1910/1911 in einem ehemaligen Bergwerk entdeckt und ab 1914 der Öffentlichkeit zugänglich gemacht.

Schmalkalden ㉟. «Nach modernen Begriffen ist Schmalkalden keine schöne Stadt.» Recht bis heute hat der Mann, der diesen Eindruck vor über 100 Jahren notierte, der schreibfreudige Pfarrer Hein-

Nächste Doppelseite: Goethehaus am Frauenplan in Weimar. Hier starb der Dichter im Jahre 1832. In seinen letzten fünf Lebensjahren hatte er sein gesamtes Werk als «Ausgabe letzter Hand» neu geordnet. Heute informiert hinter der schlichten Barockfassade das Goethe-Nationalmuseum über Lebenswelt und Werk des Dichters.

LITERARISCHE REISE DURCH DEN THÜRINGER WALD

Neben Goethe und Schiller rühmten zahllose Literaten die waldreiche Region.

HIER WOHNT NOCH DER ALTE DEUTSCHE KERNGEIST

Der Schriftsteller Friedrich Gottlob Wetzel (1779–1819) gehörte zum Kreis der Dresdner Romantiker. Unterwegs durch Thüringen schrieb er an einen Freund:

Es ist so etwas Heimisches, Befreundetes in dem Boden; wie ein alter herzlicher Jugendfreund heißt er den Wandrer willkommen. Die Natur entfaltet sich mit jedem Schritte immer reicher, kühner, üppiger. Ich sagte Dir schon, die Bäume bekämen ein ganz anderes Grün, so wie man Thüringens Boden betritt. Herrliche Berge krönen das Land mit unverwüstlichen Wäldern; [...] kühne, gigantische Felsen predigen mit ewiger Begeisterung die Allmacht der Natur und enthüllen auf kolossalen Blättern die urälteste Geschichte der Erde und das tiefe Wunder ihrer ewigen Metamorphose. Einfältig, treu und bieder, wie seine Natur, ist das Volk; in den Thälern des herrlichen Thüringer Waldes wohnt noch der alte deutsche Kerngeist, Gastlichkeit, unverdorbener Sinn, heilige Treue.

Das Saaletal mit der Ruine Rudelsburg und der Burg Saaleck, Stahlstich um 1840.

WAS IST BERLIN DAGEGEN!

Als im 19. Jahrhundert der Thüringer Wald als neue Attraktion für «Luftschnapper» entdeckt wurde, war unter den Gästen auch Theodor Fontane (1819–1898). Nach angespannten Jahren, die er als Theaterkritiker, Kriegsberichterstatter und Reisejournalist verbracht hatte, leistete er sich ein paar Wochen Ferien in Tabarz. In seinem Notizbuch hielt er damals unter anderem fest:

Die frische reine Luft! O, himmlische Mächte. Was ist Berlin dagegen! ... Ich schicke voraus, um meine Stellung zu Thüringen zu kennzeichnen und dem Leser vorweg zu zeigen, daß ich dies Land liebe und weiß, was wir daran haben. Aber wohnen in Thüringen und reisen in Thüringen, das sind grundverschiedene Dinge. Jenes ist ein Genuß, dieses ist eine Qual [...] Die Hotels, die Geldfrage [...] Das Billetlösen, der Hotel-Omnibus. Die Gesellschaft. Gevatter Schneider und Handschuhmacher. Die Beschaffenheit der Wirte. Niedrigste Sorte [...]
In der Schweiz ist dies anders. Weltmännisch. Auch in Frankreich, von England gar nicht zu reden. Das liegt daran: diese Leute sind wirklich reich und thun etwas fürs Ganze, unsere wollen à tout prix reich werden und verfahren höchst ungeschickt.

DAS SEHENSWERTE GENUSSREICH MUSTERN

In seinem im Jahr 1832 erschienenen «Taschenbuch für Reisende durch den Thüringer Wald» empfiehlt Carl Herzog allen Besuchsmöglichkeiten voran die Fußwanderung. «Kein schwerer Wagen, kein zerbrochenes Rad, kein lahmes Pferd, kein mürrischer Kutscher, kein schlechter Weg» könne so das Ziel des Reisenden hemmen:

Wer den Thüringer Wald, zur Erholung nach langer Arbeit, zum Genusse in der schönen freien Waldluft, zur Belehrung in einem Gebiet der Natur, oder einem Zweige des Gewerbswesens, oder überhaupt um mit den Eigenthümlichkeiten seiner Gegenden, wie seiner Bewohner Bekanntschaft zu machen, besuchen will, dem rathe ich, [...] seinen Reisesack zu schnüren, den Stock in die Hand zu nehmen, und mir *zu Fuße* [...] zu folgen. – Nur wer zu Fuße diese Gebirgs- und Waldgegenden durchwandert, ist im Stande, all' das Sehenswerthe und auf die genußreichste Weise zu mustern; er kann aus dem tiefen Thale die steile Felsenwand erklimmen, die schattigsten Waldpfade einschlagen, jeden Aussichtspunkt ersteigen, nach Belieben auf dem moosigen Tannen- und Buchengrund rasten, die zerstörten Burgen besuchen, und unter ihren Trümmern sich dem Gedanken an die Vergangenheit hingeben, in dem klaren Gewässer des einsamen Waldbaches ein stärkendes Bad nehmen, zur Erquickung einkehren, wo es ihm gefällt, [...] kurz es hängt, wenn der Himmel seiner Wanderung günstig ist [...] nur von seinem Willen, seiner eigenen Kraft ab.

WO DER HUND BEGRABEN LIEGT

Daß der reale Hintergrund für dieses Sprichwort im Thüringer Wald zu finden ist, machte der Gothaer Staatsbeamte, Geologe und Geograph Karl Ernst Adolf von Hoff bekannt. Ihm ist der erste umfassende, auf wissenschaftlicher Basis verfaßte Reiseführer durch Thüringen zu verdanken. In seinem im Jahr 1807 erschienenen Buch mit dem Titel «Der Thüringer Wald – besonders für Reisende geschildert» ist zu lesen:

Im Haupttal selbst kommt man von Schwarzhausen der Emse aufwärts vor einigen Mühlen vorbei an das große, zwischen den Bergen ganz eingeengte Dorf Winterstein. Die Herren von Wangenheim haben hier drei Güter und ein Schloß [...]
Dieses Schloß liegt [...] in Ruinen, die einen sehr malerischen Anblick gewähren, in ihrem Innern aber nicht mehr zugänglich sind. Nahe bei diesen Ruinen findet man ein Denkmal eigener Art – den Grabstein eines treuen Hundes, welcher einem Herrn Wangenheim im 17. Jahrhundert gehörte.

Heinz Stade

WILLKOMMEN AUF DEM RENNSTEIG

Vom sechsstündigen Rekord bis zur gemächlichen Sieben-Tage-Tour.

Thüringer Wald und Rennsteig, das ist eins. Jedenfalls für die Einheimischen und jene, die bis vor wenigen Jahren von den jetzt neuen Bundesländern aus ihren Urlaub planen mußten. Zu fragen, von welchem Rennsteig denn die Rede sei, ist dennoch so abwegig nicht – immerhin ziehen sich durch deutsche Lande etwa 200 Pfade gleichen Namens. Dennoch ist keiner von denen so berühmt und vielbelaufen, wie eben dieser gut 168 Kilometer lange Höhenweg über den Kamm des Thüringer Waldes. Bereits im 17. Jahrhundert hatte der Gothaische Herzog Ernst Kenntnis davon bekommen, daß dieses und jenes Stück Weg über die Berge rascheres und unbemerktes Fortkommen als auf den Talstraßen möglich mache. Alsbald waren Experten losgeschickt, «den Rennsteig über den Thüringer Wald, und wie weit derselbe in das böhmische Gebirge gehe», zu erkunden. Man argwöhnt militärische Absichten und hat recht. Denn die Ergebnisse der geographischen Erkundung wurden, einmal kartiert, sogleich zum Staatsgeheimnis. Plauderte dennoch ein Forstmann, mal eben so beim Weine, vom Zustand und Verlauf des Passes, so war das Verrat und wurde noch um 1640 entsprechend geahndet. Richtig öffentlich wurde der Rennsteig 1830. Da marschierte der Gothaer Offizier Julius von Plänckner in Hörschel (bei Eisenach) an der Werra los und kam nach fünf Tagesmärschen von insgesamt 43,5 Stunden in Blankenstein an der Saale an. Da hatte er die 168 Kilometer bewältigt und gewissermaßen jene Rennsteigtouristik eröffnet, wie sie heute, mehr als 160 Jahre später, in voller Blüte steht. Seiner in einem Buch veröffentlichten Wanderroute folgend, begannen Meininger Forstleute alsbald damit, Bäume, Hütten, Scheunen und andere markante Punkte mit einem großen weißen «R» zu kennzeichnen. Damit hatten sie bis in unsere Gegenwart hinein eine zuverlässige Orientierung für jedermann geschaffen. Das Pläncknersche Buch war ein halbes Jahrhundert unter den Leuten, da ließ sich 1896 ein «Rennsteigverein» seine Gründungsurkunde amtlich stempeln. Einmal soweit organisiert war es, vorerst noch, eine Frage des Gelds, doch ab der zweiten Hälfte unseres Jahrhunderts nur noch eine Frage der verfügbaren Zeit, bis viele von sich sagen konnten, was als Volkslied seit langem über die Berge klingt: «Diesen Weg auf den Höh'n bin ich oft gegangen …» Wie aber wandern, wo es so viele Möglichkeiten gibt? Man kann versuchen, den zwischen sechs und sieben Stunden liegenden Rekord zu erreichen, wie es Tausende während des alljährlichen großen «Rennsteiglaufes» anvisieren. Man kann auch dem Wanderrekord nacheifern, wie ein aus Pößneck stammender 49 Jahre alter Thüringer, der 1993 in einem Non-Stop-Marsch von 31 Stunden und 35 Minuten (reine Laufzeit 28 Stunden und 18 Minuten) den 80 Jahre alten Rekord eines Eisenachers um mehr als eine Stunde unterboten hat. Interessanter dagegen wäre es, wenn man sich den angebotenen Fünf- bis Sieben-Tage-Touren (mit Gepäckbeförderung) anschlösse. Da ließe sich die Tour in Ruhe und beispielsweise mit dem Geologenhämmerchen in der Rechten absolvieren. Halten doch Thüringer Wald und Thüringer Schiefergebirge manche Entdeckung bereit: Rotliegendes, Tonschiefer, Sandstein, Porphyr, Granit, Grauwacken und Quarzite etwa. Gleichermaßen auf ihre Kosten kommen die Liebhaber von Flora und Fauna: Misch- und Nadelwälder, farbenfrohe fette Bergwiesen, Flach- und Hochmoore, mitunter seltene Singvögel und recht stattliches Raubgefieder, Rothirsche, Rehe und Wildschweine locken, wie seit einiger Zeit vereinzelt auch wieder Waschbären und Bergziegen, zu naher und ausgiebiger Beobachtung. Spaß machen könnte die Tour sogar jenen Mitmenschen, denen Kino und Fernsehen allein mit Erlebnissen aus dem Land «Phantasia» Vergnügen bereiten. Selbst davon hat der Rennsteig etwas: «Kosmos», «Teufelsbuche», «Braut-Born», «Drachenschlucht», «Mordfleck», «Goldisthal», «Spießberg» und ähnlich klangvoll heißen einige der zu passierenden Stationen des Wanderwegs.

Die gut markierte Rennsteig-Strecke (oben) leitet Wanderer durch den Thüringer Wald.

Sei's drum. Was auch immer dazu motivieren mag, über diesen Weg zu wandern – ob etwa die Erfahrung von Paracelsus, wonach Wandern «einen jeglichen Handel besser» mache, oder der Rat von Johann Gottfried Seume «es ginge viel mehr, wenn man mehr gehen würde!» – Rennsteigwanderer sind im Thüringer Wald überall und zu jeder Zeit herzlich willkommen. Und sie haben – nach des Tages Strapazen versteht sich – nichts gegen etwas zu trinken aus Flaschen, die nicht eben mit Milch gefüllt sind.

Heinz Stade

In der Altstadt von Schmalkalden. Die wertvolle Bausubstanz des Ortes ist weitgehend erhalten geblieben. Sie stammt vorwiegend aus dem 15. bis 18. Jahrhundert.

rich Schwerdt (1810–1888). Doch es ist ja gerade das Unmoderne, was uns hier begeistert. Im Altstadtkern mit seinen gut erhaltenen Fachwerkbauten ragt am Markt die spätgotische Stadtkirche heraus. Das Hessen-Schloß *Wilhelmsburg* über der Stadt beherbergt ein Museum, das unter anderem den traditionsreichen Erwerbszweig der Eisenwarenproduktion belegt. Berühmt wurde die Industriestadt durch den «Schmalkaldischen Bund», einer Schutzvereinigung von protestantischen Fürsten gegen Kaiser Karl V., die 1537 hier die 23 «Schmalkalder Artikel» unterzeichneten.

Sonneberg ㊱. Die 1260 erstmals urkundlich erwähnte Stadt ist die südlichste der neuen Bundesländer und liegt am Südhang des Thüringer Schiefergebirges. Sie hat einen Löwen im Wappen, nicht das hölzerne «Sonneberger Reiterlein», wie einige vielleicht vermuten könnten. Letzteres ist gewissermaßen das Symbol für die über 400jährige Haupterwerbsquelle in und um Sonneberg, die Spielzeug-Herstellung. Die im 18. Jahrhundert «Docken» genannten Holzpuppen bescherten den Einheimischen besondere Geschäftserfolge. Vergnüglich und allumfassend wird man darüber im hiesigen *Spielzeugmuseum* ins Bild gesetzt. Darüber hinaus findet sich dort eine umfangreiche Sammlung von Spielzeug aus aller Welt. Einmal in Sonneberg, sollte man auch die neugotische Stadtkirche und das Rathaus in der Altstadt betrachten.

Suhl ㊲. Im Tal der Lauter liegend und von hohen Bergen dicht umgeben, empfängt die Stadt den von Oberhof kommenden Besucher. Vorbei an Neubau-Wohngebieten ist man unversehens im Zentrum der 1232 erstmals erwähnten Stadt. Von 1952 an veränderte Suhl als damaliges Verwaltungszentrum des Bezirks im Verlauf von nur zwei Jahrzehnten durch teils repräsentative Neubauten (Kulturhaus, Hotel, Stadthalle, Warenhaus, Wohn-Hochhäuser) sein Gesicht vollständig.

Die in sich geschlossene Hauptgeschäftsstraße am Steinweg erinnert noch am auffälligsten an das frühere Zentrum. Drei Kirchen «begleiten» den Gang über den Fußgängerboulevard. Unweit dieser gemütlichen Straße fällt ein aus dem Jahre 1650 stammender langgestreckter Fachwerkbau auf. In dem einstigen Malzhaus befindet sich das *Waffenmuseum*. Originell und sehr informativ geht man darin auf die seit dem 16. Jahrhundert in Suhl ansässige Waffenherstellung ein. Eine Besichtigung wert ist auch das 1657 erbaute Rathaus im Ortsteil Heinrichs.

Weimar ㊳. Was dem Weimar-Touristen aus der Fülle des Lohnenden besonders empfehlen? Wo doch schon Goethe resümmierte: «Wo finden Sie auf einem so engen Fleck noch so viel Gutes? Es gehen von dort die Tore und Straßen nach allen Enden der Welt.» Ganz anderer Meinung war zwar Herder, der die Stadt, in der er als Theologe und Schriftsteller wirkte, als «das wüste Weimar, dieses Mittelding zwischen Dorf und Hofstadt» abkanzelte. Doch wie auch immer: Das über tausendjährige «Ilm-Athen», lange mit Erfurt im Streit um den Rang der thüringischen Landeshauptstadt, offeriert nahezu auf Schritt und Tritt kulturell Bedeutsames. Es gibt beinahe kein Haus in der Innenstadt ohne Gedenktafel oder wenigstens die Veranlassung dazu.

Plätze und Straßen atmen den Geist der Klassik. Goethe, Herder, Schiller, Wieland stehen dafür exemplarisch. Angehörige der Musikerfamilie Bach, allen voran der geniale Johann Sebastian, aber auch Franz Liszt, Nepomuk Hummel oder Richard Strauss setzten über mehrere Epochen in Weimar musikalische Glanzlichter. Der Maler Lucas Cranach, aber auch so berühmte Bauhaus-Künstler wie Lyonel Feininger, Walter Gropius und andere trugen mit ihren Werken den Namen Weimars in die Welt. Das Deutsche Nationaltheater (lange Jahre von Goethe geleitet), Museen und Kunstsammlungen, berühmte Archive und Bibliotheken locken seit langem

Die Kreuzigung Christi als Sinnbild der Erlösung der Menschheit wird auf dem Flügelaltar der Stadtkirche in Weimar dargestellt. Das Gemälde stammt von Lucas Cranach dem Jüngeren (1515–1586), der die Werkstatt seines berühmten Vaters Lucas Cranach übernahm. Christliches Heilsgeschehen und aktuelle Zeitgeschichte vermengen sich in dieser Erlösungsallegorie: Unter dem Kreuz des Erlösers steht der Reformator Martin Luther.

Besucher aus aller Herren Länder. Um etwas von dieser geistigen Weltläufigkeit zu spüren, braucht man nur zu Fuß in diesem Weimar umherzugehen.

Bequem und in kurzer Zeit sind zu erreichen: *Goethe-Wohnhaus*, *Goethe-Museum* und des Meisters jüngst wiedereröffnete Stammwirtschaft «Zum weißen Schwan», *Schiller-Haus* und *-Museum*, Wittumspalais mit Wieland-Museum, Kirms-Krackow-Haus mit Herder-Gedenkstätte, *Stadtkirche St. Peter und Paul* (Herderkirche), Goethe- und Schiller-Archiv, *Herzogin-Anna-Amalia-Bibliothek*, Stadtschloß mit Cranach-Galerie, Goethes Gartenhaus, Franz-Liszt-Haus mit Museum, Goethe- und Schiller-Gruft auf dem Historischen Friedhof sowie das einstige Bauhaus.

Außerhalb der Stadt laden *Schloß* und *Park Belvedere*, *Schloß Ettersburg* und das *Tiefurter Schloß* ein. Auf dem Ettersberg bei Weimar: die Nationale Mahn- und Gedenkstätte Buchenwald. In dem ehemaligen Konzentrationslager kamen zwischen 1937 und 1945 mehr als 50000 Menschen ums Leben.

Die echten Thüringer …

Das Land Thüringen mit seinen Traditionen ist Ihnen nun gewiß schon etwas vertrauter. Wie aber ist das mit dem Thüringer oder der Thüringerin? Was unterscheidet sie beispielsweise von den Mecklenburgern? Danach gefragt werden diese Ihnen spontan antworten: «die Sprache» – und gelassen hinzufügen, daß es vor allem das Sächsische sei, woran man die Thüringer erkenne. Das stimmt ein bißchen, ein bißchen aber auch nicht. Verrät doch eine «Sprachenkarte Thüringen» so viele Besonderheiten und Nuancen, die obige Einordnung ad absurdum führt. Sagt man da «nich», heißt es dort «nit». Wer hier «Hüs» sagt, meint etwa an der Saale deutlich «Haus». Und wer in Erfurt «ich» spricht, kann das weiter nördlich als «ech» hören. Ähnlich bunt verhielt es sich im wahrsten Sinne des Wortes in der Vergangenheit mit der traditionellen Kleidung. Wo also sind die typischen Thüringer auszumachen? Natürlich, beim Essen …

Thüringer Spezialitäten. Bei einer nicht repräsentativen Umfrage, was ihnen zum Stichwort «Thüringen» einfiele, antworteten 40,1 Prozent der Befragten «Thüringer Klöße» und 28,2 Prozent «Thüringer Rostbratwurst». Da haben wir's: Klöße und Bratwurst. Von den rohen Klößen, die auch «Hütes», «Hebes», «Höbes» oder «Knelle» heißen, gibt es wiederum so viele Zubereitungsarten und Rezepte, daß wir beim bereits bekannten Problem wären … Gleich jedenfalls, ob sie klein sind wie ein Tennisball oder «groß wie Kindsköppe», ob mit gerösteten Semmelbröcken drinnen oder heißer Milch überbrüht, ob aus halbfertiger Tiefkühlmasse oder aus Kartoffeln handgepreßt – in jedem Falle sind sie des Thüringers Lieblingsspeise an Sonn- und Feiertagen. Dazu ein guter Braten, Herz was willst Du mehr? «Drei Hütes im Magen/ und eine knusprige Gans!/ Wer kann das vertragen?/ Ein Thüringer kann's!»

Daß die auf dem Holzkohle-Rost gebratene Bratwurst Favorit Nummer zwei ist, wird man nicht nur an allen Imbißständen gewahr, wo sie den Pommes erfolgreich Paroli bietet. Nein, erst richtig erkennbar wird diese Liebe des Thüringers am Wochenende, wenn die sommerlichen Gartenfeste steigen. Dann duftet's allerorten nach der deftig-kräftigen Rostbratwurst – möglichst der selbstgeschlachteten. Freilich werden nur echte Thüringer herausfinden, was eine echte Thüringer Rostbratwurst ist! Dazu gibt es einheimisches Bier. Das hat Tradition, obwohl Thüringen bis ins 17. Jahrhundert auch ein vorzügliches Weinanbaugebiet war. Thüringer Bier läßt sich eben trinken. Das mag wohl am Wasser und dem guten Boden für den Anbau von Braugerste liegen. Kommt dann der köstliche Gerstensaft noch aus einem «Kuriosum» wie der Brauerei Singen (bei Arnstadt), dann ist das Glück vollkommen. Denn dort wird

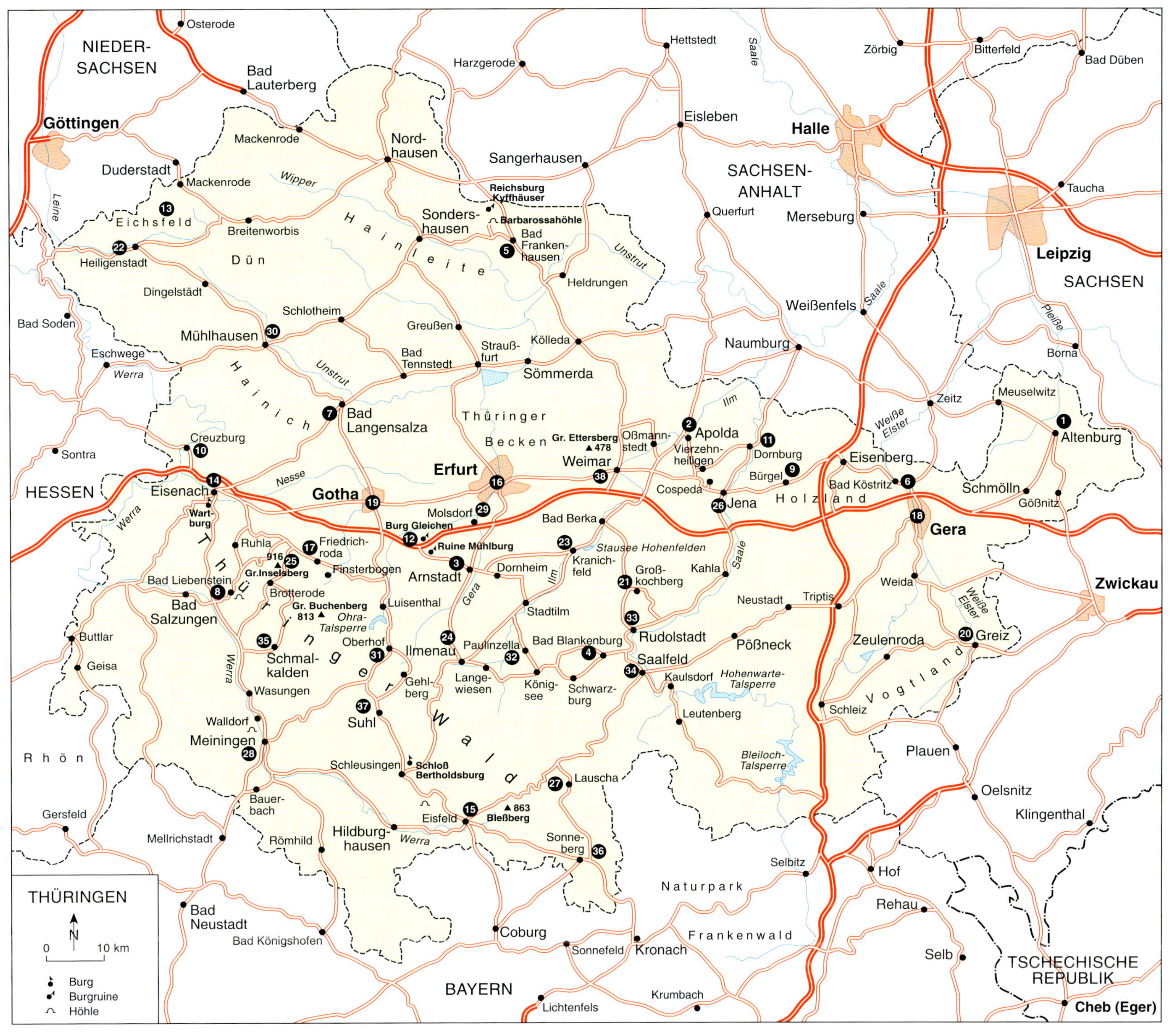

das Bier noch – wie vor 100 Jahren – im Einmannbetrieb gebraut und abgefüllt. Und noch eins ist es, das die «echten Thüringer» kennzeichnet: die Lust, zu feiern …

Thüringer Feste. «Thuringia cantat» hieß es einst – Thüringen singt. Auf dem Weg zur Waldarbeit wie beim Schleißen der Gänsefedern in der Stube. Und natürlich zu den kirchlichen Festtagen. Heute wird vielleicht weniger gesungen. Weniger Feste und Feiern gibt es nicht.

Hat die Familie mit Geburtstag, Hochzeit, Taufe, Schulanfang und -ende wichtige Anlässe zum Kochen, Backen, Braten, so sind beispielsweise Erntedankfeste beliebte Anlässe für die ganze Dorfgemeinschaft.

Wie sein eigenes Fest begeht man auch Riesenfeten. So das schon 1286 urkundlich erwähnte größte Thüringer Volksfest, den «Eisenacher Sommergewinn». Jährlich am vierten Sonnabend vor Ostern gleicht Eisenach einer belagerten und in Papierblumen getauchten Stadt. Von überallher kommen die Schaulustigen um zu sehen, wie König Winter und Frau «Sunna» sich streiten. Ist am Ende des Umzugs Herr Winter verjagt, ist das der Start zu fröhlichem Umtrunk und – Sie werden es ahnen – massenhaftem Verzehr der Thüringer Rostbratwurst.

Nicht weniger populär, aber ganz anders ist der jedes Jahr im Oktober in Weimar stattfindende Zwiebelmarkt. An jeder Ecke der Stadt gibts Zwiebel- und Speckkuchen. Bratwurst freilich auch. Allerorten Musik, Bier und viel Volk. Dieses bepackt sich mit Rispen aus Zwiebel oder Knoblauch in großer Zahl, um – wie einst schon der hier wohnende Goethe – den Wintervorrat für die Küche originell nach Haus zu tragen. Kirmes, Brunnen- oder Brückenfeste, Weihnachtsmarkt und Osterfeuer, Schäfertanz und Kirschfest, Vogelschießen oder Blütenfest – der Thüringer und die Thüringerin werden nur ungern eine Gelegenheit zum Feiern auslassen …

Register

(Kursive Ziffern verweisen auf Abbildungen)

Personenregister

Orts- und Sachregister

Text- und Bildnachweis

Der Fotograf

Axel M. Mosler, geboren 1953 in Dortmund. Fotografiestudium, freier Fotodesigner, zahlreiche Buchveröffentlichungen. Lebt in Dortmund.

Die Autoren

Johannes Rau, geboren 1931 in Wuppertal, Verlagsbuchhändler, Geschäftsführer des Jugenddienstverlages, SPD-Parteivorstand. Von 1978 bis 1998 Ministerpräsident des Landes Nordrhein-Westfalen.

Herbert Weißhuhn, 1918 in Leipzig geboren. Redakteur bei Tageszeitungen in Dresden, Chemnitz und Weimar. Lebt als freier Autor in Weimar.

Heinz Stade, geboren 1945 in Arnstadt. Lebt seit 1985 als freier Autor in Erfurt.

Textnachweis

Ludwig Bechstein: Thüringen. O. O. 1843.

Carl Gustav Carus: Lebensbericht. Hamburg: Marion Schröder Verlag 1963.

Theodor Fontane: Sämtliche Werke, Band 18, München: 1972.

Karl Emil Franzos: Aus Anhalt und Thüringen. Hrsg. Herbert Weißhuhn. Berlin: Rütten & Loening 1984.

Rudolf Hagelstange: Land der Mitte. Sachsen und Thüringen. Frankfurt am Main: Umschau Verlag 1956.

Carl Herzog: Taschenbuch für Reisende durch den Thüringer Wald. Magdeburg: 1832.

K. E. A. von Hoff/C. W. Jacobs: Wo der Hund begraben liegt. In: Der Thüringer Wald – besonders für Reisende geschildert. Gotha: Ettingersche Buchhandlung 1807.

Ricarda Huch: Im alten Reich. Lebensbilder deutscher Städte, in: Gesammelte Werke, Band 8. Köln/Berlin: Verlag Kiepenheuer und Witsch 1960.

Alfred Kerr: Verweile doch! Die Welt im Licht I. Berlin: S. Fischer Verlag 1920.

Johann Kaspar Riesbeck: Briefe eines reisenden Franzosen über Deutschland an seinen Bruder zu Paris. Zürich 1783.

Schillers Leben dokumentarisch zusammengestellt von Walter Hoyer. Köln: Verlag Kiepenheuer und Witsch o. J.

Germaine de Staël: Über Deutschland. In der Übersetzung von Robert Habs. Stuttgart: Philipp Reclam Jun. 1962.

Johannes Trojan: Fahrten und Wanderungen. Berlin: Verlag des Vereins der Bücherfreunde o. J.

Friedrich Gottlob Wetzel: Romantische Reise durch Thüringen. Leipzig: Brockhaus 1985.

Bildnachweis

Archiv für Kunst und Geschichte, Berlin: S. 10 (2), 15, 35 M.l. und M.r., 99, 102/103, 106 l., 107 M.r., 149.

Bildarchiv C. J. Bucher Verlag, München: S. 35 o., 75 (2), 131 (3).

Bildarchiv Preußischer Kulturbesitz, Berlin: S. 11, 34, 41, 44 M. und u., 44/45, 58, 59, 61, 63 u.r., 77, 100/101, 108, 134 o.

Bilderdienst Süddeutscher Verlag, München: S. 107 u.r.

Georg Kürzinger, München: S. 4/5, 35 u., 104, 105, 106 u., 106/107, 134 M., 135, 152 (2).

Sächsische Landesbibliothek, Dresden: S. 47, 62, 78.

Axel Schenck, München: S. 137 (2).

Ullstein Bilderdienst, Berlin: S. 12, 13, 14 (2), 40, 44 o., 46, 79, 107 o.r., 108, 110, 111, 134 u.

Hedwig Weilguny, Willy Handrick (Hrsg.): Franz Liszt. Leipzig: Deutscher Verlag für Musik 1980: S. 63 o.

Alle übrigen Abbildungen stammen von Axel M. Mosler.

Axel M. Mosler fotografiert mit Leica-Kameras und verwendet Objektive zwischen 19 und 250 mm.

Die Karte auf Seite 155 zeichnete Astrid Fischer-Leitl, München.

Vor- und Hintersatz: Landschaft bei Jena

Einbandfotos:
Die Wartburg (Vorderseite)
Schäfer bei Eisenach (Rückseite)

Wir danken allen Rechteinhabern und Verlagen für die Erlaubnis zum Nachdruck. Trotz nachdrücklicher Bemühungen war es nicht möglich, alle Rechteinhaber zu ermitteln. Wir bitten diese, sich an den Verlag zu wenden.

Alle Angaben dieses Bandes wurden von den Autoren sorgfältig recherchiert und vom Verlag auf Stimmigkeit und Aktualität geprüft. Allerdings kann keine Haftung für die Richtigkeit der Informationen übernommen werden. Für Hinweise und Anregungen sind wir jederzeit dankbar. Zuschriften bitte an C. J. Bucher Verlag, Lektorat, Goethestraße 43, 80336 München.

Impressum

Konzeption: Axel Schenck
Lektorat: Regina Kammerer, Katrin Ritter
Anthologie: Eduard Dietl
Graphische Gestaltung: Peter Schmid
Herstellung: Angelika Kerscher
Druck und Bindung: Passavia-Druckservice, Passau

Printed and bound in Germany
ISBN 3 7658 1188 2